イクメンじゃない「父親の子育て」

現代日本における父親の男らしさと〈ケアとしての子育て〉

巽 真理子

晃洋書房

まえがき――「ジェンダー化された男性」としての父親

1998年の『厚生白書』は、三歳児神話について「母親が育児に専念することは歴史的に見て普遍的なものでもないし、たいていの育児は父親（男性）によっても遂行可能である」（厚生省 1998：84）と子育ての性別役割分業を否定し、「父親の子育て」の可能性を示した。しかし、筆者が2003年に仲間とともに子育て支援ＮＰＯを立ち上げた当時、その場に父親の姿はほとんどなかった。子育てをするのは母親、それを支援するのも母親。「当事者による当事者のための支援」といえば聞こえはいいが、家族をひらく社会化の場でさえ子育てが女性の中だけで回っている状況に、もう1人の親であるはずの父親はどこにいるのだろうかと不思議でならなかった。

その後、父親支援が少子化対策の目玉として取り入れられた。2010年に厚生労働省がイクメンプロジェクトを開始する前後からは、メディアにも「子育てする父親」がイクメンとしてよいイメージをともなって登場するようになった。このようなイクメンの存在はジェンダーの壁をなくし、性別役割分業を解消したかのようにみせる。では実際に、性別役割分業は解消したのだろうか。末子が6歳未満の夫婦の場合、父親の育児時間は1日あたり39分で「遊ぶ」のが中心、対して母親はその約5倍の202分で「身体の世話・監督」と「遊ぶ」のが中心と、時間数にも内容にも大きな差があり、性別役割分業はまだまだ固定的である（総務省統計局 2011）。このように現代日本の「父親の子育て」は、政策やメディアではイクメンともてはやされる一方で、現実とは大きなギャップがみられる。

これについて先行研究では、「父親の子育て」の阻害要因として長時間労働があげられる一方で、ジェンダー規範は影響があまりない、もしくは全くないとされるものが多い（永井 2004; 松田 2006 など）。近年ではジェンダー規範の影響もあるとする研究が出てきているものの（松田 2016 など）、そこでの指標は「男性は外で働き、女性は家庭で家事・育児をすべき」という単純なものであり、性別役割分業観を測るには不十分だといわざるを得ない。なぜなら、ジェンダーは複雑で、ある特定の瞬間に全容が現れ出るものではないからである（Butler 1990＝1999）。

たとえば２００９年の「男女共同参画社会に関する世論調査」（内閣府 2009）では、「夫は外で働き、妻は家庭を守るべきである」への反対が55・1％と半数を超え、性別役割分業意識は解消に向かっているとみられた。(1) しかし女性と職業については、「(女性が）子どもができても、ずっと職業を続ける方がよい」は45・9％、逆に小さい子どもがいる女性は職業をもたない方がよいとする人(2)は51・0％であった。つまり、男女間の性別役割分業には反対でも、「女は仕事よりも子育てを優先すべき」と考えている人は少なくない。それならば同様に「父親の子育て」についても、これまでの研究では明らかにされていない、複雑なジェンダー規範があるのではないだろうか。

「父親の子育て」とジェンダー規範

ジェンダーとは、「性と生殖の舞台《リプロダクティブ・アリーナ》をめぐって構築される社会関係の構造であり、諸身体間の生殖上の区別を社会過程に関連づける（個の構造に制御された）一連の実践」（Connell 2002＝2008：22、ルビは訳者による、以下同）である。つまりジェンダーは、身体の生殖上の区別によって始まる。[3] Parsonsが、妊娠・出産する身体をもち子どもの養育に適する女性に表出的役割、そのような生物学的機能を欠く男性に道具的役割と、本質主義的に性別で親役割を区別したように（Parsons and Bales 1956＝2001）、産む性／産まない性という身体性の差にもとづいて、女性にはケア役割、男性には稼ぎ手役割を割り当てることによって、ジェンダー秩序がつくられる（Connell 1987＝1993, 2002＝2008; 江原2001）。したがって「ジェンダー規範」は、「ジェンダー秩序を保持するために、女性／男性という二分法の性別にもとづいて、『女は女らしく、男は男らしくあるべき』と規定する規範」のことであり、「女らしさ／男らしさ」とは、「ジェンダー秩序の中で、女性／男性に求められる考え方・行為などについての規範」と定義することができる。[4]

日本語では女性の親を「母親」、男性の親を「父親」という。つまり、母親／父親と呼ぶとき、そこにはすでにつねにジェンダーがある（Butler 1990＝1999）。子どもが生まれるまでは性別に関係なく同等に仕事をしていたとしても、親になったとたんに母親／父親に分けられる。このような二分法のジェンダー秩序にもとづいた性別役割分業は、第二次世界大戦後の高度経済成長期からオイルショック後にかけて確立された日本型福祉社会の中で固定化され、脈々と今日まで受け継がれている。そして、このような日本社会の中で、父親は「ジェンダー化された男性の親」として存在する。

「父親の子育て」とは何か

では、現代日本における「父親の子育て」とは何なのだろうか。それについて議論するためには、まず「子育て」概念の定義が必要である。管見の限り、これまでの日本の育児研究では、子育ての性別役割分業は解消する必要があるといわれながら、「子育て」概念自体については、実は語られていない。そこで本書では、「子育て」概念の定義をすることによって「子育て」とジェンダーの関係を改めて示した上で、「父親の子育て」とジェンダー規範との関連を考察していく。

筆者は研究をはじめた当初、ジェンダーの壁は個人が変わることで乗り越えられるものであり、「父親の子育て」が変わらない・進まないのは、父親自身の親としての責任感や子育てへの意欲が足りないからだと考えていた。「父親の子育て」についての先行研究でも、父親個人の意識や行為に注目するものが多い。しかし研究を進めていくうちに、特に本書の第3章や第4章で取り上げる「現実の父親の声」を聴いてからは、この問題は父親個人だけでは抱えきれない日本社会全体の問題だと考えるようになった(5)。先行研究では「父親の子育て」の阻害要因として男性の長時間労働が指摘され、その対策としてのワーク・ライフ・バランス政策や「父親の子育て」促進の気運も高まっている。それにも関わらず「父親の子育て」が進まないのは、父親が長時間労働をやめられず、母親のように子育てに関われないようなジェンダー規範（男らしさ）が、大きく影響しているのではないだろうか。

「父親の子育て」の多様な顔

このような視点でみていくと、「父親の子育て」は場面ごとに違う顔をみせて、一貫しない。先にみたように、政策やメディアでは「父親の子育て」を積極的に推奨している。しかし量的調査にあらわれる父親は、育児時間が短く、遊びを中心にしか関わっていない。他方で、もっと子育てに関わりたいという父親はますます増えているという指摘もあり(6)（ベネッセ次世代育成研究所 2015）、日常的にも、抱っこひもやベビーカーで子どもを連れた父親の姿を多くみかける。

これまでの父親研究では、これらを総括して「父親は子育てに関わりたいが、長時間労働などで時間的・物理的に関われない」とされてきた。しかしそこでは、①父親がすべき子育て（規範）、②父親がすると予想される子育て（イメージ）、③父親が実際にしている子育て（実践）が混同されていないだろうか。そして、これらが混同されることによって、「父親の子育て」にまつわるジェンダー規範が不可視化されていないだろうか。そこで本書では、これらを区別しながら「父親の子育て」を考察し、これまでの研究では見落とされてきた「父親の子育て」のジェンダー規範を明らかにしたい。

本書の構成

本書では、「父親の子育て」にまつわるジェンダー規範について考察するために、「父親の子育て」についての理論的検討から仮説をたて、それを実証データから検証する。その際、「子育て」概念を定義し、父親が「ジェンダー化された男性の親」であることに注目する。

第1章では、戦後日本の「父親の子育て」に関わる政策と先行研究の整理を行い、本書の研究視点と理論的仮説を示す。ここで示す理論的仮説は、第2～4章で実証データから検証する。まず「父親がすると予想される子育て（イメージ）」をみていくために、第2章ではメディアの1つである育児雑誌をとりあげる。次に、第3章ではまず、公私領域と性別役割分業に関わるジェンダー規範を考察するための分析枠組を示した後、「父親が実際にしている子育て（実践）」をみていくために、厚生労働省のイクメンプロジェクト・ホームページへの父親の投稿記事を分析する。つづく第4章では、筆者が行った、子育てと仕事への関わり方についての父親へのインタビュー・データを分析する。そして最後にまとめと考察を行い、今後の課題を示す。

★註

（1）その後の２０１２年の世論調査では、「夫は外で働き、妻は家庭を守るべきである」に反対が45・1％、賛成が51・6％と逆転している（内閣府 2012a）

（2）「女性は職業をもたない方がよい」「結婚するまでは職業をもつ方がよい」「子どもができるまでは、職業をもつ方がよい」「子どもができたら職業をやめ、大きくなったら再び職業をもつ方がよい」の合計。

（3）解剖学的に差異づけられた身体は、文化によって構築されたものであることから（Butler 1990=1999）、この男女という二分法の性別自体が構築されたものである。

（4）なお本書においては、後述する Connell（2005 ほか）の Masculinities 概念に関するものについては「男性性」と表記するが、それ以外では「男らしさ」を使うこととする。

（5）ほかに、２０１０年より関わっている研究者支援事業の中で、子育て中の男性から仕事と子育ての両立についての話や悩みを聴いたことも、筆者のポジショナリティの変化に大きく影響している。個人情報保護のため本書では具体的に取り上げないが、お話してくださった方々に、この場をお借りして感謝したい。

（6）「家事や育児に、今以上に関わりたい」と答える父親は、２００５年の47・9％から２０１４年には58・2％と、10年間で10ポイント以上増えている（ベネッセ次世代育成研究所 2015）。

イクメンじゃない「父親の子育て」

現代日本における父親の男らしさと〈ケアとしての子育て〉

目　次

第1章 「父親の子育て」再考
──〈ケアとしての子育て〉と男らしさのジレンマ

第2章

育児雑誌における父親像と性別役割分業――51

第4章 「父親の子育て」と公私領域のジェンダー規範――インタビュー・データから 115

第1章

「父親の子育て」再考

〈ケアとしての子育て〉と男らしさのジレンマ

本章では、第二次世界大戦後の日本における「父親の子育て」について、政策と先行研究を整理する。そして、それらの課題を明らかにした上で「父親の子育て」を再考し、本書の問題関心と視点を示す。だがその前に、家族の動向について簡単にみておきたい。

はじめに
——戦後日本における家族

戦後日本では、1950年代半ばからの高度経済成長期に雇用労働者が増大し、「家族賃金」など日本的経営システムに適合的な近代家族が大衆化した（宮坂 2008）。性別役割分業がはっきりした近代家族は経済的に豊かな家族像でもあったため（木本 2000; 山田 2005）、「雇用労働者の男性（サラリーマン）＋専業主婦＋子ども2人」という「標準家族」として、人びとの憧れをともなって規範化していった。しかし落合（2004）が指摘するように、「標準家族」は日本が人口ボーナス期だったからこそできた歴史的現象だったのであり、実現可能だった時期はそう長くはなかった[1]。

他方、専業主婦を福祉の含み資産とする日本型福祉社会は、１９７３年のオイルショック後に強化され、家族福祉と企業福祉が強固に相互補強して企業社会を支える基盤となった。家族内の性別役割分業を前提に、男性には安定的な雇用と一定の賃金が与えられるように労働市場が規制され、女性や子どもは世帯主である男性の雇用を通じて福祉を受けとる「男性稼ぎ主型」の生活保障システムとして機能する（大沢 1993、2013）。

その後、１９９０年のいわゆる「1・57ショック」後の少子化対策の中で、しだいに父親は少子化を打破する契機として注目されるようになる。この時期には、若年層の非正規雇用化が急速に進展して未婚化・晩婚化が進み（山田 2005; 宮本 2008）、夫婦別姓など家族をめぐる価値観が多様化したこともあり、実態としての家族は多様になってきている（岩間 2015）。しかし、日本型福祉社会の家族をめぐる法・制度における望ましい形として「標準家族」は生きており、家族のあり方を各自が自由に選択できるわけではない（久保田 2009; 岩間 2015）。

では、子どもがいる世帯の現状はどうなっているのだろうか。２０１６年の国勢調査（総務省統計局 2016）では、子どもがいる世帯は40・６％と全体の半数を下回っており、１９９５年の52・４％から約12ポイント減少している。子どもがいる世帯に限定すると、「夫婦と子供から成る世帯」が66・０％、母子家庭18・７％、父子家庭３・２％と、夫婦で子育てしている世帯が最も多い。そのうち末子が６歳未満の世帯では「夫が雇用者」なのは82・７％であり、うち妻が専業主婦（「非就業」）は51・７％となっている。この専業主婦率は末子が０歳の場合は62・２％と、子どもの年齢が低いほど高い。

他方、子どもの保育状況をみてみると、0歳児の94・9％が家庭で保育されており（厚生労働省 2011）、母親がほとんどの0歳児の子育てを家庭で担っている。このような中で「父親の子育て」は、政策や育児研究において、どのように位置づけられてきたのだろうか。

1. 日本の「父親の子育て」政策

戦後日本において父親支援政策が始まるのは、1990年のいわゆる1・57ショック後である。ここでは戦後から2017年までを、（1）父親も母親と共に支援対象となった「1・57ショック以後（1990年～2001年）」、（2）父親を対象とする具体的な施策・数値目標が設定されるようになった「夫婦の出生率低下以後（2002年～2009年）」、（3）父親や男性対象のプロジェクトが盛んとなった「イクメンプロジェクト開始以後（2010年～2017年）」に分けて、各時期の政策の特徴を簡潔にみていく。

（1）1・57ショック以後（1990年～2001年）——母親支援が中心

1・57ショック以降、日本政府は少子化対策として、仕事と子育ての両立支援などの検討をはじめた。この時期には、女子のみに必修だった家庭科が1993年に中学校、翌年に高校で男女共修となった(2)。これにより男性も、学校教育の中で家事・育児のスキルを身につけられるようになっている。

仕事と子育ての両立のための環境整備として、1992年に制定・施行された「育児・介護休業

図 1-1　厚生省ポスター（1999年）

法」（「育児休業、介護休業等育児又は家族介護を行う労働者の福祉に関する法律」）では、「労働者は、その養育する１歳に満たない子について、その事業主に申し出ることにより、育児休業をすることができる」（第５条）とされている。ここでは「労働者」の性別を限定していないことから、育児休業（以下、「育休」）取得者として母親だけでなく、父親も含んでいると考えられる。

しかしこの時期は、まだ母親支援策が中心であった。１９９４年の「エンゼルプラン」（「今後の子育て支援のための施策の基本的方向について」）では、家庭における子育て支援の課題として「夫婦で家事・育児を分担するような男女共同参画社会をつくりあげていくための環境づくり」（傍点筆者、以下同）をあげているが、特に父親は支援対象とされていない。１９９９年の「新エンゼルプラン」（「重点的に推進すべき少子化対策の具体的実施計画について」）でも、まだ直接、父親を対象にした施策はみられない。同年には「男女共同参画社会基本法」が制定・施行され、翌２０００年には「男女共同参画基本計画」が閣議決定されたが、この中にも父親を特定の対象とした施策はみられない。

ただし、新エンゼルプランが施行された１９９９年に、当時の厚生省が「育児をしない男を、父とは呼ばない」というポスターを作成している（図１－１）。このポスターは、そのインパクトあるキャッチコピーが当時のメディアで話題となり、賛否両論を巻き起こしたが、この後につづく「父親の子育て」への注目の第一歩だといえるだろう。

（2）夫婦の出生率低下以後（2002年〜2009年）
――「子育てする親」としての父親の存在が可視化

2002年1月に発表された「日本の将来推計人口」では、それまで少子化の主な要因と考えられていた晩婚化に加えて、夫婦の出生力そのものの低下によって少子化が加速的に進んでいると指摘された（国立社会保障・人口問題研究所 2002）。そのため、父親が家庭や地域社会に関わるべき存在として可視化されるようになり、「父親の子育て」の具体的な課題が示されていった。

2001年9月に策定された「少子化対策プラスワン」では、「男性を含めた働き方の見直し」が重点目標とされ、子どもの出生後の最低5日間の休暇取得や、育休取得率10％など、初めて父親を対象とする具体的な施策や数値目標が設定された。2003年には「次世代育成支援対策推進法」とともに「少子化社会対策基本法」が施行され、「父母その他の保護者が子育てについての第一義的責任を有する」（第二条）と、男性の子育て責任が明記された。つづく2004年には、それらをふまえて重点目標を定めた「少子化社会対策大綱」と、具体的な計画を示す「子ども・子育て応援プラン」（「少子化社会対策大綱に基づく重点施策の具体的実施計画」）が策定された。ここでは仕事と家庭の両立支援と働き方の見直しとして、「男性も女性もともに、社会の中で個性と能力を発揮しながら、子育てにしっかりと力と時間を注ぐことができるようにする」ことが目標とされている。

他方、2005年に閣議決定した「第2次男女共同参画社会基本計画」では、重点事項の1つに

「男女共同参画社会の形成の男性にとっての意義と責任や、地域・家庭等への男性の参画を重視した広報・啓発活動を推進する」と、男女共同参画政策の中に初めて「男性」を明記した。しかしまだここでは、父親は具体的な施策の対象とはされていなかった。

ほかに、この時期にみられる新しい動きとしては、ワーク・ライフ・バランス政策がある。２００７年には「仕事と生活の調和（ワーク・ライフ・バランス）憲章」と「仕事と生活の調和推進のための行動指針」が策定された。これは、それまで少子化対策の一環としてきた働き方の見直しを、子育て中の親だけではなく、社会全体の問題に広げたものといえる。その中では、長時間労働是正のための行政・企業・個人の各役割が明確にされ、父親の育児・家事時間の数値目標も設定されている[3]。

この頃にはメディアでも父親が注目されるようになり、父親向けの教育雑誌が発刊され[4]、育児雑誌の『たまごクラブ』『ひよこクラブ』には父親向け連載が始まっている。そしてこの傾向は、次の「イクメンプロジェクト開始以後」に加速していく。

（3）イクメンプロジェクト開始以後（２０１０年～２０１７年）
――「子育てする父親」イクメンの台頭

この時期には、父親にとっての家庭や地域での生活の重要性が訴えられ、「父親の子育て」が政策に積極的に取り込まれていった。２０１０年には「子ども・子育てビジョン」が策定され、「パパ・ママ育休プラス」[5]を盛り込んで育児・介護休業法が改正・施行された。

この育児・介護休業法の改正に合わせて始まったのが、厚生労働省の「イクメンプロジェクト」である。[6] このプロジェクトは、「社会全体で、男性がもっと積極的に育児に関わることができる一大ムーブメントを巻き起こすべく」（厚生労働省 2013）始まったものであり、プロジェクトのホームページ上で父親がイクメン宣言をし、育休・育児体験談を投稿できるようになっている。[7]

２０１０年末の新語・流行語大賞で「イクメン」はトップテンに入り、翌２０１１年からは、著名人の父親を表彰する「イクメン オブ ザ イヤー」が毎年開催されている。その後、男性芸能人の育休取得や子育ての様子などがメディアに取り上げられるようになり、現在では「子育てをする父親」は理想的な父親像として、一般に好意的に受けとられるようになっている。このようなメディアのイクメンへの注目をみると、イクメンプロジェクトによる「父親の子育て」の啓発効果は高い。

イクメンプロジェクトにおけるイクメンとは「子育てを楽しみ、自分自身も成長する男性のこと。または、将来そんな人生を送ろうと考えている男性のこと」（厚生労働省 2013）とされているが、具体的な父親像は示されていない。このイクメンは、どのような父親像なのだろうか。そこで端的にイクメン像が示されていると考えられる、イクメンプロジェクトの啓発ポスターをみていく。

たとえば２０１３年のポスター（図１－２）には、スーツを着た男性が胸をはだけてイクメンに変身する姿が真ん中に大きく位置づけられ、その右下には小さく妻と子どもと思われる母子がいる。また背景には地球上の日本列島と大きなビルが描かれていることから、この父親は世界や経済社会を背負った男性像として描かれていると考えられる（Kawaguchi 2014）。また上部のコピー文には、「子育てを楽しみ、ママの人生を支えるために。自分の働き方を見直し、進化させていく。時間管理能力や段取り力を高め、成長していく。いま、そんなイクメンたちが増えています。家族のきずなを深める

図1-2　イクメンプロジェクト・ポスター（2013年）

図1-3　イクメンプロジェクト・ポスター（2014年）

生き方が、働き方もプラスに変える。あしたの日本に、社会を動かすイクメンのチカラを」とあり、父親が子育てに関わることが「家族のきずなを深める生き方」になるだけでなく、「時間管理能力や段取り力を高め、成長」することによって「働き方もプラスに変える」とされている。翌年のポスター（図1－3）にはサラリーマンの象徴であるワイシャツの襟とネクタイが中央に描かれ、その下に「仕事ができるパパはカッコいい。育児もできるパパは、もっとカッコいい」というキャッチコピーが置かれている。つまり、これらのポスターを見る限り、イクメンプロジェクトにおけるイクメンは「サラリーマンとして働き、子育てを通してビジネス・スキルを磨き成長する父親像」だと考えられる。

ここで注目したいのは、これらと1999年の厚生省のポスター（図1－1）との違いである。1999年のポスターでは「育児をしない男を、父親とはよばない」というキャッチコピーの横に子どもを抱いた父親の写真があり、「父親が子育てをすること」自体が強調されていた。しかし、イクメンプロジェクトのポスターでは、父親のスーツや「仕事ができるパパはカッコいい」というコピーなどで「父親＝仕事」というイメージが強調され、「父親の子育て」が「働き方もプラスに変える」ものとされるなど、子育てが仕事に結びつけられている(8)。

イクメンプロジェクト以後の少子化対策では、２０１４年の「少子化社会対策大綱」において、初めて「男性の長時間労働の是正」が提案された。長時間労働の是正は１９９４年のエンゼルプランから継続的に提案されているが、その対象を「男性」と特定したのはこれが初めてである。この「少子化社会対策大綱」では、「6歳未満の子供をもつ男性の育児・家事関連時間」は1日あたり67分（２０１１年）から2時間30分（２０２０年）へ、「男性の育休取得率」は2・03％（２０１３年）から13％（２０２０年）へと、現状から大幅にアップした目標値が設定されている。

２０１０年に閣議決定された「第3次男女共同参画基本計画」においても、重点分野に「男性・子どもにとっての男女共同参画」（第3分野）が入り、２０１１年には内閣府のウェブサイトに「男性にとっての男女共同参画」ホームページがつくられ、２０１４年の『男女共同参画白書』では「変わりゆく男性の仕事と暮らし」という特集が組まれた（内閣府 2014：3-40）。この白書の中では、イクメンプロジェクトが2つのコラムで紹介されており、イクメンプロジェクトは少子化対策としてだけではなく、男女共同参画政策としても期待されていることがわかる。

2.「父親の子育て」に関する研究

(1) 育児研究における父親

日本の育児研究における父親への注目は1980年代に始まり、主に発達心理学と家族社会学の分野で研究が進んでいる。

発達心理学では、戦後はBowlby（1951＝2008）の愛着理論の影響から、子どもの発達に関わる者として母親のみが研究対象とされてきた。しかし、1970年代後半にLamb（1976＝1981）が子どもの発達への父親の重要性を明らかにしたことを受けて、日本でも柏木（1993）などが父親研究をはじめている。その後、生涯発達の考え方が広まったこともあり、現在では、父親の子育てによる子どもの発達への影響はもちろん、妻（母親）や父親自身の発達への影響についても研究されている。

他方、家族社会学では、牧野（1982ほか）の一連の育児不安研究によって、母親一人での子育てが困難なことが明らかになり、母親支援ネットワークの一つとして父親への注目が集まった（落合 1989；松田 2008など）。ここでの父親の位置づけについて落合（1989）は、「父親が子どもを育てるのを育児援助と呼ぶのは不適切ともおもわれるが」（落合 1989：118）と述べた上で、「社会通念と現状のずれを浮き立たせ、母子を周囲の人びとや諸機関が支えている実状を如実に示すため」（落合 1989：112）、あえて父親を育児支援ネットワークの一員に位置づけたという。つまり育児ネットワーク論においては、父親は母親の対等なパートナーとしてではなく、「(主に子育てを担う) 母親を助ける人」として、祖

表1-1 「父親の子育て」の阻害／促進要因研究の主な仮説

名称	内容
相対的資源差説	学歴や収入などの資源が相対的に多い方が、育児・家事参加が少なくなる
時間的余裕説	自由な時間をより多くもつ方が、育児・家事参加が多い
性別役割分業観説	伝統的な性別役割分業観に反対し、女性の社会進出について理解を示す男性ほど子育てをする
父親アイデンティティ説	父親役割を重要だと考える男性ほど、子育てをする
家庭内需要説	子どもの数や年齢、親との同・別居などにより、家庭内で父親の子育て参加が必要とされている度合いによって影響される
職場環境と慣行説	父親の就労や職場環境が、父親の子育てに影響している

※石井クンツ（2013）の整理にもとづき、筆者作成

父母や育児支援機関等と同等に位置づけられているといえよう。

(2) 父親研究の動向

ここでは近年盛んに研究されている(1)『父親の子育て』の阻害／促進要因研究」と、本研究に関連が深い、(2)「父親のワーク・ライフ・バランス研究」と(3)『父親の子育て』と男らしさ研究」をみていく。

(1) 「父親の子育て」の阻害／促進要因研究

近年の父親研究では、量的調査を中心に、父親が子育てにかかわる阻害／促進要因の分析が盛んに行なわれ、米国の研究を元にした多くの仮説が検討されている。この研究の主な仮説を表1－1に示す。これらの検証結果は一致しておらず、その点からは父親の子育てへの絶対的な阻害／促進要因といえるものはない[9]。その中でほぼ一致した結果が得られているのは「時間的余裕説」であり（加藤・石井・牧野・土谷 1998; 稲葉 1998; 西岡 2004; 永井 2004; 松田 2006;

されていない。

たとえば松田（2008）は、上記の「相対的資源差説」「時間的余裕説」「性別役割分業観説」「家庭内需要説」に加えて、新たに同居の親族や世帯外のネットワークの豊富さで家事・育児参加の程度が変わるという「ネットワークの代替仮説」を追加し、5つの仮説について検証している。その結果、「時間的余裕説」「家庭内需要説」「ネットワークの代替仮説」の3つが支持され、「相対的資源仮説」と「性別役割分業観説」は支持されなかったとした。そして「父親の子育て」を促進するためには、育児期の男性の長時間労働を是正することが何よりも必要だと結論づけている。

他方、近年の研究では、「性別役割分業観説」を支持する結果も出てきている。たとえば「職場環境と慣行説」を検証した末盛（2010）は、「父親の性別役割分業意識」の影響を認めている。父親の職場環境が、父親本人の育児と仕事の両立を目指した行為（脱仕事志向）および育児遂行にどのように関連するかを考察した結果、職場環境の各要因と父親の育児時間との間に有意な関連はみられなかった。しかし追加的な分析から、職場環境と父親の性別役割分業意識がかみ合うと、父親の育児時間を高める傾向があることが示唆された。この結果は、父親の革新的な性別役割分業意識と支援的な職場環境が連動すれば、既存のジェンダー秩序に変化が起きる可能性を示唆している。

また松田（2016）は、日本家族社会学会の全国家族調査（ＮＦＲＪ）の第1回（１９９８年）～第3回（２００８年）の個票データを分析し、依然として長時間労働が父親の育児参加の阻害要因であることを指摘する。一方で、近年ほど父親の性別役割分業意識と育児参加の関連が明瞭になってきていることも指摘し、性別役割分業意識の弱い父親ほど、子どもを世話する頻度が高まる傾向があるという。

ほかには、どのような父親の子育て促進／疎外要因の仮説があるのだろうか。石井クンツ（2013）は、これまでの父親研究であまり検討されてこなかった説の一つとして、夫婦関係に関わる「母親のゲートキーピング説」を紹介している。これは妻が家庭のゲートキーパー（門番）として、夫や子どもの行動・関係に対しての許容範囲を判断・決定しているという前提をおき、妻の働きかけ（あるいは拒絶）が夫の育児参加を促進（あるいは抑制）するという仮説である。「母親のゲートキーピング説」にもとづいて妻の家庭責任意識と夫の家事・育児参加の関連を考察した中川（2010）は、妻の家庭責任意識の強さは夫の家事・育児参加を直接少なくするだけでなく、妻が自分の責任として家事・育児を行ってしまうことで夫の分担を制約していることを明らかにした。つまり妻のジェンダー規範は直接的に、さらに妻の家事・育児遂行を通して間接的にも、夫の家事・育児参加を強く規定している。

この点から考えると、先にみた「性別役割分業観説」における指標は不十分だといえる。この説を検討している多くの研究では、調査対象者の性別役割分業観を「男性は外で働き、女性は家庭で家事・育児をすべきか」という単純な設問で測っている（松田 2008 など）。しかし個人のもつジェンダー意識は複雑で多元的なものであり（大和 1995）、「男性は外で働き、女性は家庭で家事・育児をすべき」には反対しても、「子どもは母親の愛情がなければうまく育たない」や「家庭を（経済的に）養うのは男性の役割である」には賛成する場合もある（西村 2001; 裵 2014）。つまり1人の人がもつジェンダー意識の中でさえ、夫婦間の固定的な性別役割分業には反対でも、性別にもとづいた母親や父親の役割には賛成、というパラドックスが潜んでいる。したがって、たった1つの設問への回答だけでは単純に判断できず、各人のもつジェンダー意識や規範の考察としては十分ではない。

(2)父親のワーク・ライフ・バランス研究

別の面からの父親研究として、ワーク・ライフ・バランス研究がある。これには仕事と職場に焦点をあてたもの（末盛 2010; 松田 2013 など）、子育てと家庭に焦点をあてたもの（木脇 2008; 岩下 2011 など）があるが、個人・家庭・職場全てを同時に含んだ研究は少ない（石井クンツ 2013）。

その中で多賀（2011）は、子育てと仕事の両方に注目して、その間の葛藤を明らかにするとともに、職業領域が男性領域であることから、父親には稼ぎ手役割や仕事を通した自己実現・社会的成功への志向があることを指摘した。これは、父親の子育てと仕事に職場領域のジェンダー規範を合わせて考察したことによる知見だと考えられるが、ここでは家庭領域のジェンダー規範については考察されていない[10]。また小笠原（2009）は、労働時間などの労働環境を個人の意志によって可変とした上で、父親の子育てと仕事の調整を性別役割分業意識の多元性に注目して分析した。その結果として、仕事を子育てのために調整しない父親は、職業上の成功を男性にとって重要だと考える「仕事規範[11]」を内面化しているという。しかしこれらは、父親個人の意識に焦点をあて、父親が自身の役割や責任を自由に選択できることを前提としているため、職場領域や家庭領域のほかのメンバーがもつジェンダー規範や、それによる父親への影響については考察されていない。

たとえば、先にみた「母親のゲートキーピング説」によると、妻は父親の単なるパートナーにとどまらず、家庭領域のゲートキーパーとして父親の子育てへの関与を制約することがあるため（中川 2010）、父親は妻の価値観や規範にも合わせて考えて行動する必要がある。このように、各領域およびその中のメンバーのジェンダー規範は、父親の子育てや仕事への関わり方に影響を与えていると考えられ、父親個人の意識・行動と合わせて考察することが重要である。

(3)「父親の子育て」と男らしさ研究

男らしさに注目した父親研究は、日本ではまだ少ない。ここでは、男らしさが多様性をもつこと（Connell 2005 ほか）に注目した研究をとりあげる。

多賀（2011）は、かなり子育てに積極的な父親でも、多くは仕事に支障のない範囲、つまり一家の稼ぎ主の立場が脅かされない程度の子育て参加に抑えていると指摘する。男性にとって稼ぎ手役割は仕事を通した自己実現や社会的成功の意味合いも強く、子育てを理由に労働時間を減らすことに抵抗を感じるという（多賀 2006）。しかし近年では、男女雇用機会均等法や雇用環境の不安定化などの影響でジェンダー規範が揺らぎ、稼ぎ手役割を女性と分担する選択肢も出てきたため（多賀 2011）、父親にとって子育ては少なくとも男らしさの価値を減じるものではなくなり「正当な『男らしさ』の構成要素となりつつあるとさえいえるかもしれない」（多賀 2011：208）と示唆している。

また Ishii-Kuntz（2003）は、母親同様に子育てしている父親は、自分のジェンダー・アイデンティティを男性／女性ではなく中性的な「人（person）」と規定し、子育てというケア役割を最優先することを、自身の「親としての責任」だと考えていることを明らかにしている。しかし、ここでの「ケア役割の優先」は稼ぎ手役割よりは優先するという意味であり、仕事を辞めてまでケア役割を果たす母親と比較すると、父親は「男性としての稼ぎ手役割」を手放さないことも合わせて指摘している。

これらの研究では、父親のジェンダー規範を重要な要因として位置づけた結果、父親にとっての「男らしさとしての稼ぎ手役割」の重要性が示されている。これは、先にみた「父親の子育て」の阻害/促進要因研究のように、ジェンダー規範を多数の要因の一つと位置づける立場とは異なる。本書もこれらの研究の流れを汲み、父親の男らしさに注目して「父親の子育て」を考察していく。

3. 戦後日本の「父親の子育て」政策と父親研究の課題

(1) 日本の「父親の子育て」の現状

これまでみてきたように、戦後日本では2002年以降に父親支援政策が進められるようになってきた。特に2010年に始まったイクメンプロジェクトは、メディアの効果も相まってイクメンを普及させ、「父親の子育て」を好意的に受け入れる土壌を日本社会の中につくる契機になった。その意味でイクメンプロジェクトは、現代日本の「父親の子育て」にとって重要な政策である。しかし、そこでは父親を「母親とは違う男性の親」と位置づけ、その施策遂行を企業と家庭に依存している。[12] 父親支援政策がジェンダー秩序を覆すだけの力をもたないと、父親は「一家の稼ぎ主」というポジションからなかなか抜け出せない。したがって「父親の子育て」を考察していくにあたっては、家庭だけでなく、企業や職場における「父親の仕事」に関わるジェンダー規範もみていく必要がある。

他方、父親研究が阻害要因として指摘しつづけている「父親の長時間労働」は、改善されていない。週60時間以上の長時間労働をしている男性は２００５年以降ほぼ減少傾向だが、育児期の30代・40代の男性は、それぞれ15・１％、15・７％と高い（内閣府 2017）。

したがって、個人にも社会にもよいことであるはずの「父親の子育て」は、現実には性別役割分業が解消するほどには進んでおらず、そのギャップは大きい。このような問題意識から、これまでみてきた政策および父親研究について改めて考察し、今後の父親研究の課題を示したい。

（2）父親研究の課題

戦後日本における「父親の子育て」政策は、第一に、「父親の子育て」を「（第一義的に子育ての責任や行為を負う）母親の子育て」とは異なるものとして示し、第二に、各施策の実現を企業や家庭の自主的な努力に任せている。そのため、日本型福祉社会の規準「標準家族」の前提となる、夫婦間の固定的な性別役割分業をはじめとするジェンダー規範が、各施策の実現を担う企業や家庭において、どのように変容している／していないのかをみていくことは重要である。

他方で日本の家族社会学においては、育児ネットワーク論によって母親を支える育児支援ネットワークの重要性が認識され、育児不安研究で示された「母親一人での子育ての限界」が再確認されたのは重要な成果である。しかし、その中で父親を「育児支援ネットワークの一員」と位置づけ、母親と別の立場におくことによって、母親だけを再び子育ての第一義的な行為者・責任者に引き戻してしまっている。

今日盛んに行われている「父親の子育て」の阻害／促進要因研究も、この点を克服しているとはいえない。これらの研究においては「性別役割分業観説」が支持されないことが多いが、そこでの性別役割分業観を測る指標は単純なものであり、[13] ジェンダー規範の多元性・複雑性が十分に議論されてきたとはいえない。ジェンダー意識の指標が単純なもので十分とする背景には、「子育て」を定義しないまま具体的な育児行為を考察し、「子育て」と性別役割分業、ひいてはジェンダー規範との関連について十分に議論されていないことがあるのではないだろうか。

子育ての性別役割分業について舩橋（1998）は、基本的な親役割の育児行為は誰でも遂行可能であるにも関わらず、夫婦間での育児分担になると「扶養」と「社会化」は父親の役割、「交流」と「世話」は母親の役割に分けられてしまう〈子育てのジェンダー化〉の側面を指摘している。育児阻害／促進要因研究にも、この〈子育てのジェンダー化〉の傾向が確認される。それは、父親については育児阻害／促進要因が研究される一方で、母親には同様の研究がないことにすでに表れている。[14]

これらの「父親の子育て」の阻害／促進要因研究は、父親への支援策をたてる上で、具体的にどのような方策をとればよいかを示してくれるという意味では理解しやすい。しかし、これらの研究では多くの場合、個人の意識と行為について検討しているため、その個人をとりまく領域などの規範については十分に考察されていない。近代家族論の中で指摘されているように、性別役割分業は公私領域と関連していると考えられる（落合 2004 など）。したがって子育ての性別役割分業を考察するためには、個人だけでなく、その人が関わる公私領域も合わせてみていく必要がある。

これまでの議論をふまえて本書では、日本の父親支援政策が父親を「母親とは違う男性の親」と位置づけた上で、その施策遂行を企業と家庭に依存していることと、これまでの育児研究および父親研究が「父親の子育て」にまつわる複雑なジェンダー規範を十分に検討しきれていないことから、今後の父親研究の課題として、①「子育て」概念の定義、②ジェンダー規範への注目、③性別役割分業を規定する公私領域への注目、の3つをあげる。

まず、①「子育て」概念の定義が必要である。前述のように、これまでの育児研究および父親研究では、「子育て」概念の定義がされないまま具体的な子育て行為や意識などについて議論され、父親／母親の子育てが同じなのか／違うのかについても議論されていないことが多い。実際には、子育てにかける時間もその内容も男女で大きく異なり（総務省統計局 2011）、〈子育てのジェンダー化〉がみられる。しかし本来、子育ては性別に関係なく関われるものである（舩橋 1998）。そこでこの後の第4節では、子育てを含むケアを人間社会の基盤におくフェミニズムのケア論から「子育て」をとらえ直して定義した上で、子育てが性別に関係なく関われるものであることを改めて確認する。

次に、②ジェンダー規範への注目が必要である。父親は親になる前に、すでに社会の中で男性として生きている。そのため、父親を「男性としてジェンダー化された存在」としてとらえていく必要がある。そこで第5節では父親が男性である点に注目し、その男らしさとの関連について考察する。その上で第6節では、この父親のもつ男らしさを、第4節で定義する「子育て」や現代日本のジェンダー規範と合わせて考察し、「父親の子育て」をとりまく複雑なジェンダー規範について議論していく。

本書では、「親」を「家庭において無償で子育てをする人」[15]、「男性」を「男性のジェンダー・アイデンティティをもつ人」と定義した上で、特に「夫婦で子育てしている父親」に注目して考察する。その理由は次の通りである。２０１６年の国勢調査によると、全世帯の26・7％、育児世帯の66・0％が「夫婦と子供世帯」である（総務省統計局 2016）。以前に比べると総数が減ってきているとはいえ、育児世帯に限っては「夫婦と子供世帯」が多数を占めており、「夫婦で子育てしている父親」に注目することは重要である。

だが理由はそれだけではない。１９９０年代の経済不況を境に「標準家族」像は崩れつつあるといわれているが（武川 2006）、いまだ日本社会において「標準家族」は、社会的制度の中で守るべき望ましい家族形態として、つまり重要な家族規範として残っている（山田 2005）。日本型福祉社会の中で「最後に頼れるのは家族」という状況は「家族」に特別な意味を与えており（久保田 2009）、ステップファミリーやひとり親家族などを判断する場合の規準も「標準家族」になっている（神原 2007; 野沢 2008）。したがって「標準家族」のように「夫婦で子育てしている」状態は、実際には家族が多様化している現代においても、標準として規範的なままなのではないだろうか。だからこそ「夫婦で子育てしている父親」に焦点をあてていくことは、「父親の子育て」をめぐるジェンダー規範を考察する上で重要である。そして「夫婦で子育てしている父親」をめぐるジェンダー規範を明らかにすることは、ステップファミリーやひとり親家族がどのように周りからみられるのかという規準を明らかにすることにつながり、今後、これらの家族を考察していく上でも有益だと考える。そして本書では、この「夫婦で子育てしている」中でも、育児期で一番手間がかかる乳幼児（＝未就学児）の子育てに焦点をあてて議論する。

最後に、③性別役割分業を規定する公私領域への注目が必要である。性別役割分業は公私領域と関連していると考えられるため（落合 2004）、「父親の子育て」にまつわるジェンダー規範を考察する上で、公私領域との関連は無視できない。しかし先にみたように、これまでの父親のワーク・ライフ・バランス研究では、「家庭における子育て」または「職場環境（育児支援策など）」のどちらかに焦点をあてているものが多く、個人・家庭・職場の全てを同時に含んだような研究は少ない（石井クンツ 2013）。またそれらでは父親個人の意識・行為などに焦点があてられ、「父親の子育て」が「父親個人が選択した結果」として解釈されていることが多い。このように解釈することは、父親が仕事や子育てについての自身の役割や責任を自由に選択できるという前提を自明視し、その選択の結果の責任を父親個人に負わせることにならないだろうか。「母親のゲートキーピング説」にみられるように、公私領域のメンバーのもつジェンダー規範や、ひいては各領域におけるジェンダー規範などによる父親への影響は無視できない。そこで本書の第3章と第4章では、父親にとって重要な複数の公私領域と「父親の子育て」との関連について考察していく。

4. 欧米のケア論からの「子育て」のとらえ直し
――〈ケアとしての子育て〉

本節では、子育てをはじめとするケアを人間社会の基盤におく、欧米のケア論を整理した上で、「子育て」をとらえ直して定義していく。

(1) 日本における「保育」と「育児」

日本では大正時代以降、子育てについての翻訳語として「保育」や「育児」などの言葉が使われてきた（上野 2011）。ブリタニカ国際大百科事典（ブリタニカ・ジャパン 2008）によると、「保育」とは「乳幼児を適切な環境のもとで、健康・安全で安定感をもって活動できるように養護するとともに、その心身を健全に発達させるように教育すること」であるが、広義には集団保育と家庭保育の両方を含み、狭義には保育所（園）や幼稚園における保育士や幼稚園教諭による乳幼児の保護養育を指している。1947年制定の学校教育法の草案を作成した坂元彦太郎は、「保育」を外からの保護と内からの発達を助ける「保護・教育」の略語として採用したという（森上 2004）。他方、「育児」は「動物が生れてから成体に達するまでの間の親の保護養育の行動」（ブリタニカ・ジャパン 2008）であり、出生時に身体が小さく、ほとんど無能力で1人で生きていけない子どもを、親が食事・睡眠・排泄などについて全面的に養護しながら、おとなになるまで成長させることを指している。

つまり、「保育」や「育児」は、親や保育士などのおとなが子どもに対して行う世話や教育を指しており、その最終目標は「子どもを社会人として自立（自律）させること」にあると考えられる。また、「保育」「育児」に関わる「おとな」は、現代日本では女性であることが多い[16]。しかし、これらの定義ではそのことは不問に付されており、そこにはジェンダーの視点はない。

これに対して、後で詳述する、社会的正義としてケアの重要性を訴えるケア論（Okin 1989＝2013; Fineman 1995＝2003; Fraser 1997＝2003; Kittay 1999＝2010 など）では、ケア役割を女性に割り当てがちな近代社会のジェンダー秩序の転換も主張されている。子育てが、ジェンダー秩序の中で本質主義的に産む性である女性に割り当てられてきたことを根本的にとらえ直し、ジェンダーに無関係な社会的行為として位置づけ直すためには、このケア論の視点を取り入れる必要がある。

(2) 欧米のケア論――「道徳としてのケア論」と「社会的正義としてのケア論」

欧米のケア論には、ジェンダー視点からみて大きく2つの流れがある。1つ目は、1980年代に従来の道徳論への批判として登場したケア論（以下、「道徳としてのケア論」。Noddings 1984＝1997; Gilligan 1982＝1986 など）である。これは女性がもつ他者への思いやりや優しさを、男性を規準とした「道徳的であること」からの逸脱としてみるのではなく、「優れた女性性」も道徳的なものとして尊重しようという主張である。これらの主張は、ケアを規準とした考え方や行動パターンの尊重という新たな視点の提案であり、その後のケア論につながる重要な出発点である。

しかし、この「道徳としてのケア論」の限界として、女性の優れた点を主張するがために本質主義的となって、男女の差異を強調してしまうことがあげられる。これは、生物学的に女性の方がケアに向いているため、男性は男性的な特質を活かしてケアに関わればよいという提案（Noddings 1984＝1997）や、性差をふまえた発達理論の構築の提案（Gilligan 1982＝1986）にみられるように、行うべきケアの規準が性別によるダブルスタンダードに陥りやすい[17]。

2つ目は、1980年代の終わりから出てきた、社会的正義としてケアの重要性を訴える、フェミニズムの政治理論によるケア論（以下、「社会的正義としてのケア論」。Okin 1989＝2013; Fineman 1995＝2003; Fraser 1997＝2003; Kittay 1999＝2010 など）である。社会的正義とは、Rawls の『正義論』（Rawls 1999＝2010）に代表されるリベラリズムの正義論が主張するもので「公正な社会ではすべての人が自由かつ平等に取り扱われるべき」という考え方であり（Kittay 1999＝2010）、社会の基本原理に社会的正義をおき、自由で平等な個人が友愛の絆で結ばれる社会を志向している（川本 2010）。しかしフェミニズムの政治理論は、リベラリズムの正義論が社会的正義の対象を「すべての人」としているにもかかわらず、近代的な「自立（自律）した個人」という人間像を暗黙の前提とすることで、多くの場合にケアを担う女性が不正義を被っていると批判する（Okin 1989＝2013; Fineman 1995＝2003; Kittay 1999＝2010; 岡野 2012）。そして、この批判から生まれたのが「社会的正義としてのケア論」である。

これらの議論では、人間が必ず経験する子ども時代や老齢期、病気である状態を「人間の条件を構成する不可欠な依存」（Kittay 1999＝2010：51）として、「依存は人間に必然である」という前提に立つ。これは依存を不可視化する、近代的な「自立（自律）した個人」という人間像からの大きな転換である。そして多くの場合に、女性は依存者（子どもや高齢者など）へのケア役割を担うために経済的自立が妨げられ、二次的依存[18]の状態になることを指摘した（Fineman 1995＝2003; Kittay 1999＝2010）。そして、男女ともに経済的な責任も無償のケアも担うことを提案することにより（Okin 1989＝2013; Fraser 1997＝2003）、ケア役割を女性に割り当てがちなジェンダー秩序の転換も主張している。つまり「社会的正義としてのケア論」は、ケアする／される関係を社会の中心におき、社会的正義の問題とすることによって、自立（自律）した男性のみに正義を認める近代社会の変革を試みている。この点は、先にみた「ケア＝優れた女性性」としてとらえる「道徳としてのケア論」（Noddings 1984＝1997; Gilligan 1982＝1986 など）とは、大きく異なる点である。

「社会的正義としてのケア論」に共通しているのは、公領域から不可視化されている私領域のケアを可視化し、公領域だけでなく私領域でも社会的正義を達成すべきだと主張していることである。本書もこれらと同じ立場をとり、「社会の基盤となるケアは、性別に関係なく担うべきである」と主張する。そして「父親の子育て」をとりあげる本書では、特に男性とケアの関係に注目する。これまでのケア論では、多くの場合にケア役割を担う女性に注目して議論しており、ケア役割を担う男性について議論したものは、管見の限りなかった[19]。しかし、近年の日本においても徐々にではあるが、実際に子育てや介護などのケアに関わる男性は増えてきている。そして男性であるがゆえに、ケアを担うことによって仕事の継続が難しくなる事例も報告されている（春日 1989; 斎藤 2009 など）。これは「ケアは女性が担うべき」というジェンダー規範によって男性がケア役割から阻害され、ケアに関わりにくくなっているからではないかと考えられる。そこで本書では、本章第4節で詳述する男性学の視点を「父親の子育て」に取り入れることにより、ケア論に「ケアを担う男性」も含めた新たな展開を試みたい。

なお今後「ケア論」という場合には、本書と同じ立場をとる「社会的正義としてのケア論」（Okin 1989＝2013; Fineman 1995＝2003; Fraser 1997＝2003; Kittay 1999＝2010 など）を指す。

（3）親の子育てとは——ケア論からのとらえ直し

これまでみてきたケア論では、子育て・介護・看護・介助などを含む幅広いケア概念について、第一義的な意味として「子育て」をあげ、そこからケアの意味や関係を広げて議論するものが多い。たとえば Kittay（1999＝2010）は依存者とケア提供者の関係を、それだけではないと断りながらも「多くの場合母子関係に代表される」（Kittay 1999＝2010：75-76）とし、人間が共有する「みな誰かお母さんの子どもである」という関係性をより注意深く検討することが、平等への道徳的・政治的要求につながると主張する。ここでいう「みな誰かお母さんの子どもである」という関係性とは、わたしたちを育てる母親業（＝ケア）を担ってくれた誰か（生みの母親に限らない）との関係性であり（岡野 2011）、人間がみな誰かのケアから利益を得た者であることを指している（Kittay 1999＝2010）。また Fineman（1995＝2003）は、これまでの夫婦のような性的な親密性に代わって、「母子」を家族単位の核とし、その基本的単位を中心に社会政策や法規をつくるべきだと主張する。[20]

一方、日本では「ケア」は看護分野で実践的な用語として多用されるほか、高齢者介護や障がい者介助の問題分析視点として導入され（中西・上野 2003; 上野 2011 ほか）、子育てと結びつけて議論されることはほとんどない。[21] その理由として上野（2011）は、大正時代以降、子育ての翻訳語として「保育」

や「育児」などが、すでに研究概念として使われていたと指摘する。しかし先にみたように、「保育」や「育児」はケア論における「ケア」とは異なり、「子どもを自立（自律）させる」という近代的な目標をもち、子どもを保育または育児するおとなに対してのジェンダー視点がない。そもそも上野のいうように、「子育て」は研究概念としてきちんと定義されてきたのだろうか。

管見の限り、戦後日本の育児研究の中で「子育て」を定義しているのは、舩橋（1998）と牧野（2005）だけであり、どちらも「父親の子育て」について言及する中で定義している。

舩橋（1998）は、父親にも母親にも共通の基本的な親役割として、「子育て」を次の4つのモメントに分類して定義する。①子どもの生活費を稼ぎ供給する「扶養」、②しつけや教育をする「社会化」、③遊び相手や相談相手になる「交流」、④食事や沐浴など身の回りのことで子どもが自分で出来ないことを支援する「世話」。そして、これらは、父親や母親だけでなく、子どもを育てる者なら誰でも遂行可能であるにも関わらず、夫婦間の育児分担では「扶養」「社会化」は父親の役割、「交流」「世話」は母親の役割に分けられてしまう、〈子育てのジェンダー化〉の側面を指摘している。

牧野（2005）は、「子育て」を次のように定義する。①育児にともなう家事労働、②子どもの保育・世話（子どもに直接接触しながら行う仕事）、③子どもと遊ぶ・子どもの相手をする（子どもの身体的・精神的発達をうながすための活動）。ここで牧野は乳幼児期の親を対象に議論しているためか、先の舩橋（1998）と定義が異なる。その違いは第一に、しつけ・教育などの子どもの社会化に関する項目を含めていないこと、[22]第二に、子どもの生活費を稼ぎ供給する「扶養」を含めていないことである。これらの点から、牧野は舩橋より限定した形で定義していることがわかる。

ここで重要なのは、これらは「子育て」を定義するとしながら、いずれも具体的な「育児行為」の定義であるという点である。つまり、「子育て」自体を研究概念として定義しているとはいえない。具体的な行為を示すことは、実際に子育ての分担を考えていくためには重要である。しかし、「子育て」概念そのものを定義せずに「父親の子育て」について議論することは、「父親の子育て」が母親のそれと同じなのか／異なるのかなどについて検討されないことにつながり、子育てにまつわるジェンダー規範を見逃しかねない。実際に、上記の舩橋（1998）と牧野（2005）の間でも、舩橋が〈子育てのジェンダー化〉によって父親の役割とされがちだと指摘する「扶養」と「社会化」を、子育て行為に含めるかどうかという大きな違いがみられる。

「子育て」概念を定義していないという問題点は、子育てにおける夫婦間の役割分担の調査（落合 1989; 牧野 1996; 子ども未来財団 2006; 落合・山根・宮坂 2007 など）や、「父親の子育て」の阻害／促進要因研究（永井 2004; 松田 2008、2011 など）にも指摘できる。これらの調査でも「子育て」を定義することのないまま、具体的な育児行為として調査項目を立てている。そして、調査によって育児行為の内容や範囲にはバラつきがあり統一性がない。

そこで本書では、ケア論から「子育て」をとらえ直し、研究概念として定義する。ケア論の「人間に必然である依存を支え、社会の基盤であるケアは、性別に関係なく担うべきである」という視点から、「子育て」をケアの一つとして位置づけることにより、子育てにまつわるジェンダー規範を考察するための新しい視点を得ることができる。

ここで参考になるのが、Daly（2001）によるケアの定義である。Daly はケアを、「それが割り当てられ遂行される規範的・経済的・社会的枠組みのもとでの、依存的な存在であるおとなまたは子どもの身体的かつ情緒的な要求を満たすことに関わる行為や関係」（Daly 2001：53、訳は筆者による）と定義する。「依存的な存在である子ども」とあるように、この定義には子育てもケアの一つとして含まれている。ここでいう「行為と関係」とは、ケアする人とケアされる人（「依存的な存在であるおとなまたは子ども」）の「相互行為と関係」だといえる。ただし、Daly は「ケア」を福祉国家における社会政策の分析ツールとして定義しているため、この「ケア」には家庭での無償労働だけでなく、ヘルパーなどの有償労働も含まれている。[23]

これまでの議論から、本書では「親の子育て」を「親が、依存的な存在である子どもの身体的・情緒的なニーズから出る要求に応えて満たす相互行為と、それによって構築される関係」と定義する。本書では「親による子育て」に限定して議論するため、ここでの「親の子育て」は無償労働であり、有償労働は含まない。ここが、Daly の定義とは異なる点である。

そして、上記のように定義した「親の子育て」を、先にみた「保育」「育児」などと区別して、〈ケアとしての子育て〉と呼ぶ（図1－4）。「保育」「育児」と〈ケアとしての子育て〉の違いは、第一に、相互行為と関係の出発点を、おとなの子育ての方針や考え方・欲求ではなく、子どもの身体的・情緒的なニーズにおいていること、第二に、「子どもの自立（自律）」ではなく、子どもの身体的・情緒的なニーズに応えてケアすること自体に価値をおいている点にある。

つまり〈ケアとしての子育て〉は、親が自立（自律）を重んじる近代的人間像を理想とせず、子どもの身体的・情緒的なニーズに受け身になることから始まる。[24] したがって〈ケアとしての子育て〉は、

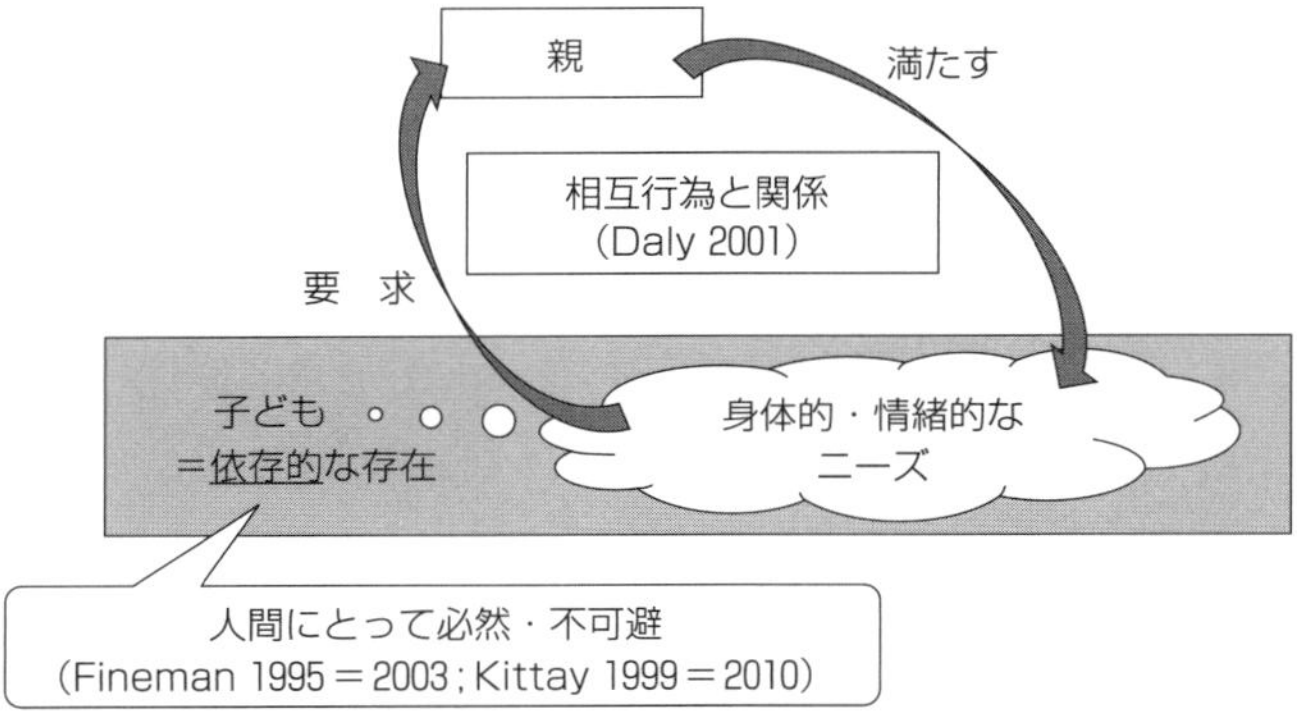

図 1-4　ケアとしての子育て

親が一方的にコントロールできないものであり、子どもという他者に応答することによって、初めて成り立つ相互行為と関係だといえる。たとえば、親が「偏食をしない子ども」を育てたいと思っても、その子に食物アレルギーがあれば、命を守るために、その子が食べられるものに食生活を合わせざるを得ない。そのため、子どもの身体的・情緒的なニーズにもとづかない、親の一方的な欲求を満たすような虐待などは、この〈ケアとしての子育て〉には含まれない[25]。

この〈ケアとしての子育て〉における親の責任は無制限である。それは、保育士や幼稚園教諭などの子育てに関わる有償労働者が、子どもを預かっている時間（＝自身の勤務時間）に限定して責任を負うのとは対照的である。そのため親は、いつでも子どもの身体的・情緒的なニーズに対して応えられるようにしておく責任を負っており[26]、〈ケアとしての子育て〉に関わる時間も無制限となる。

そして、この〈ケアとしての子育て〉を行う「親」の性別に区別や制限はない。それは、「子どもの身体的・情緒的なニーズ」が、親の性別によって変わることはないからである。

たとえば乳児がお腹を空かせて泣いている時、その顔を見にきた人が「母親」か「父親」かによって、その乳児が「お腹が空いた、ミルクを飲みたい」というニーズを変えることはない。もちろん、そのニーズに対してどのようなやり方で応えるかは、親のもつスキルや経験などによって変わってくるだろうし、そのスキルや経験も性別やジェンダーによって変わってくるかもしれない[27]。しかし具体的にどのような方法がとられるにせよ、親が子どものニーズを汲み取って、それを満たすために行うのであれば、そこでの「子育て」が〈ケアとしての子育て〉（「子どもの身体的・情緒的なニーズから出る要求に応えて満たす相互行為と関係」）であることに変わりはない。

では、〈ケアとしての子育て〉とは具体的に何を指すのだろうか。ここで〈ケアとしての子育て〉を、先にみた舩橋（1998）の育児行為の4つのモメント（扶養、社会化、交流、世話）と比較してみよう。〈ケアとしての子育て〉では、「子どもの身体的・情緒的なニーズ」に応えることが何よりも重要であることから、「交流」と「世話」は含まれる。一方、子どもの生活費を稼ぎ供給する「扶養」や、しつけや教育をする「社会化」は、子どもの身体的・情緒的なニーズに関係なく行われるので〈ケアとしての子育て〉とはいえない。もちろん、子どもを育てる上で「扶養」と「社会化」は重要であり、「扶養」は〈ケアとしての子育て〉を支える経済的資源、「社会化」は〈ケアとしての子育て〉とは異なる親子間の行為や関係であると考えられる。つまり〈ケアとしての子育て〉は、これまでの育児研究で「子育て」とされてきたもののうち、「交流」や「世話」を中心とした「親子間の相互行為と関係」だといえるだろう。

ここで忘れてはならないのは、親も子も、家族や家庭に閉じた存在ではないということである。人は社会の中で、さまざまな領域を行き来しながら生活している。各領域には、その領域のメンバーとの相互行為や、それによって構築される関係があり、家庭での子育てやジェンダー規範も、それらの影響を受けることは免れない。特に父親は、ジェンダー秩序の中で男性として稼ぎ手役割を担うことが多く、職場領域を主な居場所としていることが多いと考えられることから、職場のジェンダー規範に大きく影響を受けている可能性が高い。

5. 父親と現代日本の男らしさ

（1）男性学の視点と多様な男らしさ

ジェンダー秩序の中で、男性として稼ぎ手役割を担うことが多い父親は、どのような男らしさをもつのだろうか。「父親の子育て」にまつわるジェンダー規範に注目するにあたって、本節では男性学の視点から父親の男らしさについて考察する。

男性学とは、１９７０年代のフェミニズムの問題提起を受けて起こった新しい学問領域である。その一番の特徴は、男性を普遍的主体や人間一般としてではなく「ジェンダー化された存在」として、男性性（Masculinities）との関連からとらえることにある（田中 2009）。今日の男性学に大きな影響を与えているのが、Connell の一連の男性性（Masculinities）研究である（Connell 1987＝1993, 2002＝2008, 2005 ほか）。Connell は、ジェンダーは社会実践の中で構築されるものであり、毎日の生活は身体的な特徴や再生産のプロセスによって規定される性と生殖の舞台《リプロダクティブ・アリーナ》に関係づけられて組織化されていると指摘した（Connell 2002＝2008）。そして男女間だけでなく、男性性の間にもヘゲモニックな男性性(28)（Hegemonic Masculinity）を頂点とした権力差があり、多様で階層的であることを明らかにした。

本書にとって、このConnellの指摘は重要である。なぜなら、父親が職場などにおける人間関係や相互行為の中でどのような男らしさをもつかについては、そこにおけるほかの男らしさとの関係の中でも構築されると考えられるからである。しかし、ここで注意しなければならないのは、男らしさの多様性に目を奪われて、女らしさとの関係の中で構築されるジェンダーを不可視化してしまうことである。本書では、前述のケア論におけるフェミニズムの視点を組み合わせることによって、この男らしさと女らしさの関係にも注目していきたい。

（2）戦後日本における男らしさとしての「サラリーマン（Salaryman Masculinity）」

では、日本における男らしさには、どのようなものがあるのだろうか。Connellの研究成果をふまえた先行研究によると、戦後日本の代表的な男らしさとしては、「サラリーマン（Salaryman Masculinity）」があげられる。「サラリーマン」は「マン」とあるとおり男性を表しており、「中間層でホワイトカラーの会社員・公務員の男性像(29)」である（Hidaka 2010; 多賀 2011; Dapgupta 2013）。具体的には、「家事や子育ては妻に任せ、長期安定雇用と年功序列賃金に守られながら定年まで同じ組織で長時間労働に励み、一家の稼ぎ主としての役割に専念する男性」（多賀 2011）を指すが、実際に体現できている男性は多くなかったという指摘もある（海妻 2012）。しかし、あくまでも生き方の標準としての男性像という意味では、戦後日本のヘゲモニックな男性性だといえるだろう（Hidaka 2010;

し、職場／家庭領域を区別しながら働いていると考えられる。

このような「サラリーマン」の働き方の背景として、次の2点があげられる。第一に、「メンバーシップ契約」としての雇用契約である。濱口（2011）によると、これは日本独特の企業文化であり、具体的な職務を定めず、企業内のメンバーシップの維持が最重要視されるものである。濱口は、このメンバーシップ契約によって日本の雇用の三種の神器（長期安定雇用・年功序列賃金・企業別組合）が可能になったという。欧米やほかのアジア社会では、職務（ジョブ）ごとに労働者を採用し従事させる「ジョブ契約」がとられ、各自の職務の内容・範囲・責任が明確となっている。これに対して日本のようなメンバーシップ契約では、具体的な職務を定めないまま、職場のメンバーに認められるような働き方を求められる。このような働き方では、上司や同僚の目を気にして、必要以上に長時間労働になりやすい。

第二に、企業におけるホモソーシャリティがある。戦後の労使交渉の中で、男性集団のみで共有される価値や基準にもとづいた「平等」が、日本の労働界における「平等」になっていく中で、女性が不可視化され、それにともなって「ケア役割を担わない者」を前提とした働き方が標準になっていく（海妻 2012）。このような働き方は、女性はもちろん、子育てや介護などのケアに関わる男性も排除する。そこで男性は、企業におけるホモソーシャリティから排除されないために、「サラリーマン」として長時間労働に駆り立てられ、育休取得などを言い出しにくくなっていく（佐藤・武石 2004）。

このような傾向は、男性の働き方だけではなく、生き方をも規定する。メンバーシップを重視することによって企業が共同体化すると、職場以外に居場所がない男性が、就業後も企業の人間として行動することが期待される「会社人間」になりがちな環境を生み出す（宮坂 2002, 木本 2006)。「会社人間」となった父親は、生活時間と関心のほとんどを「会社のこと」に吸収され、家庭にいる妻や子どもなどにとって「家族の外なる人」となってゆく（熊沢 1994)。

(3) 父親の〈「一家の稼ぎ主」という男らしさ〉

このような「サラリーマン（Salaryman Masculinity)」は、経済不況を背景とした長期安定雇用や年功序列賃金の崩壊によって、1990年頃を境に男性の生き方の標準としては揺らいできている。しかし、「男性は家族の主な（または唯一の）稼ぎ手であるべき」という「一家の稼ぎ主」規範としては根強く残っている（田中 2009; 多賀 2011)。男性の稼ぎ手役割についての意識調査（内閣府 2012b）では、「父親が仕事中心に生活することは、家族の幸せにつながる」については「とてもそう思う」「ややそう思う」を合わせた回答が31・3％なのに対し、「（結婚したら）家族を養い守るのは、男性の責任である」は65・9％、「（結婚したら）一家の大黒柱は、男性である」は78・2％である。つまり父親がかつての会社人間のように、稼ぎ手役割だけに専念することに賛成の人は3割程度しかいない一方で、父親に「一家の稼ぎ主」役割を期待する人が7割前後いるという、なんとも矛盾した結果となっている。したがって、「父親の子育て」が積極的に推奨されている現代日本でも、父親が「一家の稼ぎ主」であることは自明視されているといえよう。

では実際に「サラリーマン」として働く父親は、どのくらい存在するのだろうか。2016年の国勢調査（総務省統計局 2016）によると、末子が6歳未満の夫婦世帯に占める「夫が雇用者」の割合は82・7％にのぼる。そのうち妻が専業主婦（「非就業」）である世帯は51・7％であり、これらの世帯の父親は、子育てをはじめとする家庭のケア役割を全て妻に任せ、自身は「一家の稼ぎ主」として長時間労働ができる環境にあるといえる。しかし、何らかの形で妻も働いている世帯も約半数あり、これらの世帯では、父親も子育てなどのケア役割を担う必要があると考えられる。

これまでの議論をふまえて本書では、〈「一家の稼ぎ主」という男らしさ〉を「男性に、家族の中の主な（または唯一の）稼ぎ手として、それにふさわしい働き方や役割を求める規範」とし、現代日本における重要な男らしさとして注目していく。

6．理論的仮説としての8タイプの父親像

（1）〈ケアとしての子育て〉とジェンダー規範との間の2つのジレンマ

これまでの議論から、現代日本の「父親の子育て」には、〈ケアとしての子育て〉とジェンダー規範との間に、次の2つのジレンマが浮かび上がる（図1－5）。それは〈ケアとしての子育て〉と、①「子育ては母親がやるべき」という規範（以下、「『子育て＝母親』規範」）との間のジレンマと、②父親の〈「一家の稼ぎ主」という男らしさ〉との間のジレンマである。

①〈ケアとしての子育て〉と「子育て＝母親」規範との間のジレンマは、日本社会の「子育て＝母親」規範が強いために起こる。そもそも「子育て＝母親」規範は、母親が産む性（女性）であること

を根拠にした本質主義的なものであり、産まない性（男性）である父親が〈ジェンダー規範上は母親がすべき〉子育てに関わるためには、自身の男性というジェンダーを乗り越える必要が出てくる。

次に、②〈ケアとしての子育て〉と父親の〈「一家の稼ぎ主」という男らしさ〉との間のジレンマは、父親もできるはずの〈ケアとしての子育て〉と、企業社会によって規定される〈「一家の稼ぎ主」という男らしさ〉との間のジレンマである。現代日本では〈「一家の稼ぎ主」という男らしさ〉がメンバーシップ契約とセットになることで、職場で一人前と認められるために、幅広い仕事の責任・量をこなす必要が出てくる。これによって長時間労働が助長されると、父親が家庭にいる時間が短くなり、その分、母親に子育て負担がかかる。したがって、〈「一家の稼ぎ主」という男らしさ〉をもったままでは、父親は時間的・物理的に〈ケアとしての子育て〉の実践が難しくなる。

一方、母親の場合を考えてみると、母親はジェンダー秩序の中でケア役割を担う女性であり、そのジェンダー（女らしさ）にはケア役割が含まれているため、「母親の子育て」ではジレンマは生じない（図1-6）。したがって母親が〈ケアとしての子育て〉に関わるときには、自身の女性というジェンダーを、周囲から理解を得るための資源として利用しやすくなっているといえる。

それに対して「父親の子育て」は、前述のようなジェンダー規範とのジレンマを抱えているため、父親が〈ケアとしての子育て〉に関わるときには、自分自身のジェンダー・アイデンティティにジレンマを起こさないよう、そして周りの理解を得られるように、これらのジレンマを乗り越えるための様々な試みが必要となる。次に、これらのジレンマを乗り越える試みについて詳しくみていく。

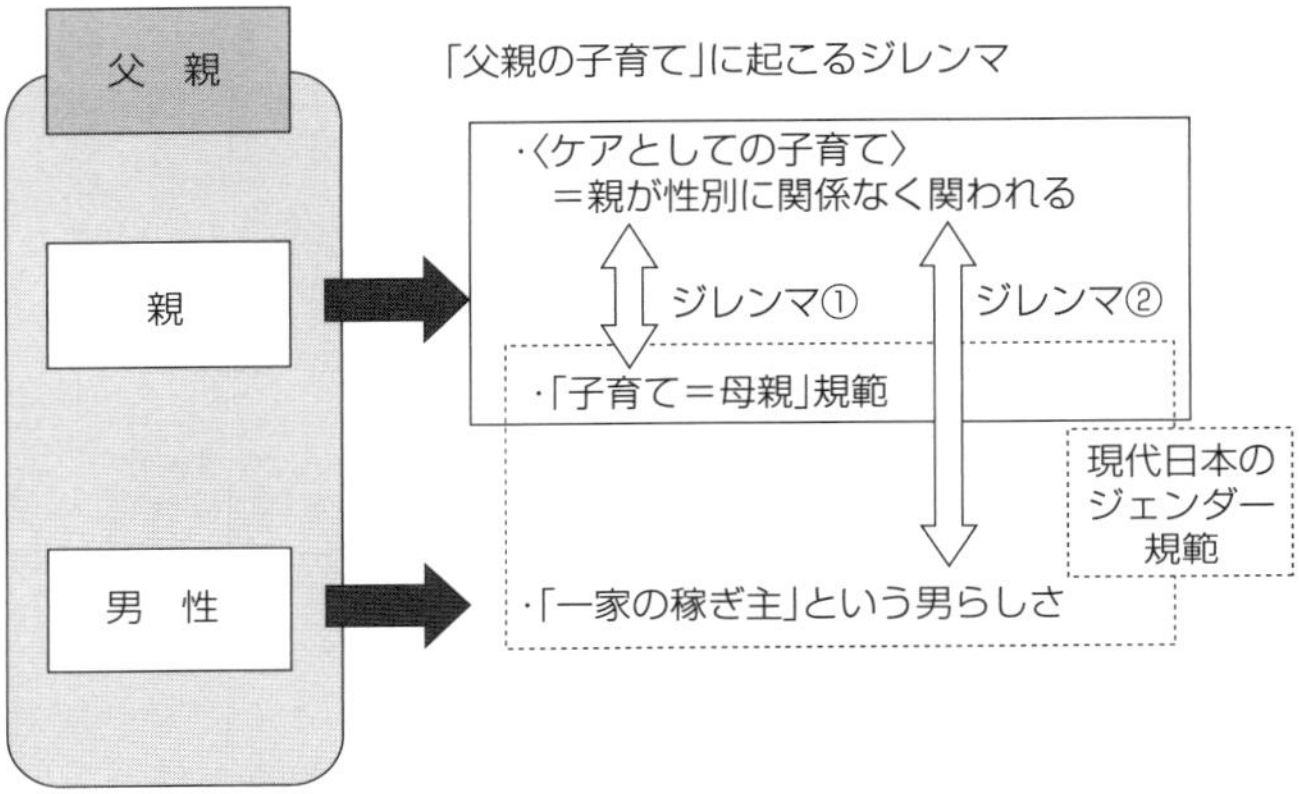

図 1-5 「父親の子育て」に起こるジェンダー規範とのジレンマ

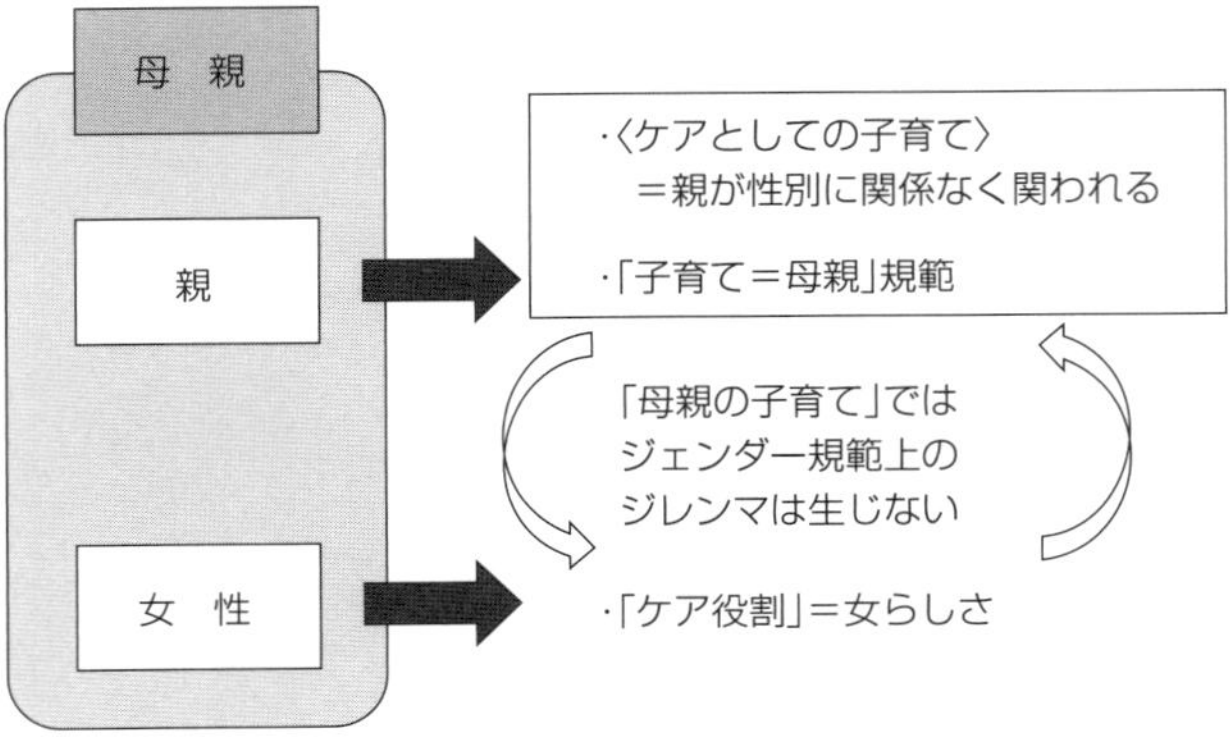

図 1-6 「母親の子育て」とジェンダー規範

（2）父親が〈ケアとしての子育て〉と「子育て＝母親」規範との間のジレンマを乗り越える試み

男性である父親が、「子育て＝母親」規範が強い中で〈ケアとしての子育て〉をしようとするときに起こる具体的な状況として考えられるのは、①父親自身の抵抗と、②周りからの抵抗である。

①父親自身の抵抗は、父親が自身の男らしさにこだわりがある場合に起こる。これに対しては、父親が「子育てに父親が関わる意義や重要性」を理解するなどの意識変革によって、乗り越えることができる。また、意識が行為を規定するだけでなく、実際に子育てに関わることも父親の意識変革につながり（庭野 2007）、このジレンマを乗り越えることができるだろう。

②周りからの抵抗は、父親が自身のジェンダーを乗り越えて、母親と同様・同等に〈ケアとしての子育て〉をしようとするときに起こる。父親は母親と異なり、自身のジェンダーを周りから理解を得るための資源として使えないため、「子育てをする父親」として承認を得にくい（末盛 2010）。これについては、父親支援政策や父親自身の働きかけなどによって、周りの人びとの意識を変革し、父親が子育てをすることへの理解を得ることができれば、乗り越えることができる。

たとえば、「父親の育児参加に関する世論調査」（中央調査社 2012）をみると、父親が子育てに参加することについて、「父親も母親と育児を分担して、積極的に参加すべき」と考える人は、34・7％（2010年）から45・0％（2012年）に増え、「父親は許す範囲で、育児をすればよい」が54・2％（2010年）から44・9％（2012年）に減っている。この結果からは、父親も母親と同じ親として、より積極的に子育てに関わるべきだと考える人が増えてきたことが伺える。

このように、「父親の子育て」における〈ケアとしての子育て〉と「子育て＝母親」規範との間のジレンマは、父親自身やその周りの人びとの意識を変えていくことによって、ある程度は乗り越えられるだろう。しかし、その際に注意しなければならないのは、その「父親の子育て」の内容である。父親がジェンダーにこだわらず〈ケアとしての子育て〉をするか、父親が母親との本質的な違いを強調して「母親の子育て」とは異なる〈男らしい子育て〉をするかによって、性別役割分業のあり方が変わってくる。先にみたように〈ケアとしての子育て〉は、子どもの身体的・情緒的なニーズに受け身になることから始まる。これは、ジェンダー秩序の中で「活動の主体」として位置づけられ（江原2001）、能動性を要素の一つとする男らしさの行動様式とは反対のものである。そのため、男らしくない〈ケアとしての子育て〉を避けて父親の男らしさに合わせるために、「父親の子育て」を〈男らしい子育て〉とする場合があり得る。〈男らしい子育て〉をする場合は、次にみていく〈「一家の稼ぎ主」という男らしさ〉との間のジレンマとも相まって、父親が子育てにかかわることがさらに父親の男らしさを強化し、性別役割分業を強化していくとも考えられる。

（3）父親が〈ケアとしての子育て〉と〈「一家の稼ぎ主」という男らしさ〉との間のジレンマを乗り越える試み

次に、〈ケアとしての子育て〉と、父親のもつ〈「一家の稼ぎ主」という男らしさ〉との間のジレンマについて考えていく。先にみたように、父親が〈「一家の稼ぎ主」という男らしさ〉をもったままでは、〈ケアとしての子育て〉の実践は不可能である。では、この問題点を克服するには、どのような方法が考えられるのだろうか。

第一の方法として、〈「一家の稼ぎ主」という男らしさ〉を変えずに、父親が子育てに関わっている状況をつくるというやり方が考えられる。つまり、「父親の子育て」の内容を父親のジェンダーに合わせて〈男らしい子育て〉とする方法である。前述のように〈ケアとしての子育て〉では、親の責任も、それにかける時間も無制限である。しかし、〈「一家の稼ぎ主」という男らしさ〉に合わせた働き方をすると長時間労働になりがちとなり、その分、家庭で子どもと過ごす時間は短くなる。短時間でも十分に「父親が子育てしている状態」をつくり出すためには、母親との差異を強調して、「父親の子育て」を〈男らしい子育て〉にする必要が出てくる。これによって、これまで「仕事と子育て」の間で起こっていた性別役割分業が、今度は「子育て」の中で起こる。そして父親が子育てに関わることによって、違う形で性別役割分業が強化されるというパラドックスが生まれる。しかしこのパラドックスは、父親の子育ての内容や関わり方を問わないことによって、「〈男らしい子育て〉＝子育て」として不可視化され、父親の「一家の稼ぎ主」としての働き方が維持されていく。

第二の方法として、〈「一家の稼ぎ主」という男らしさ〉を変革して、父親が〈ケアとしての子育て〉を実践できるようにするという方法が考えられる。しかしこの方法は職場や社会における〈「一家の稼ぎ主」という男らしさ〉を変革する必要があるため、父親個人の努力だけで克服するのは難しい。とはいえ、職場や社会における〈「一家の稼ぎ主」という男らしさ〉の変革は不可能ではない。

たとえば雇用契約を、〈「一家の稼ぎ主」という男らしさ〉の背景となっているメンバーシップ契約をやめて、仕事の量や責任が明確なジョブ契約をとる、という方法が考えられる。さらに勤務時間や場所についての裁量性を高くすれば、父親は子育てのために自分の仕事を調整することができ、〈ケアとしての子育て〉の実践が可能となる。ほかに、父親自身が周囲へ働きかけ、働き方を変えることが認められるケースもあるだろう。いずれの場合でも、職場における〈「一家の稼ぎ主」という男らしさ〉の変革とともに、雇用契約の方法や働き方の変革が不可欠である。もちろん、夫婦がともに経済的責任を負うようになれば、父親が「一家の稼ぎ主」役割を負うことがなくなり、〈「一家の稼ぎ主」という男らしさ〉から解放される。このように、職場や社会における〈「一家の稼ぎ主」という男らしさ〉の変革のためには、父親だけでなく、母親も一緒に変わっていく必要がある。

(4)「父親の子育て」への視点

これまでみてきた、現代日本のジェンダー規範にもとづく異なる2種類の男らしさと〈ケアとしての子育て〉の関連を整理し、理論上考えられる父親像のタイプを整理したのが、表1－2である。

1つ目の「身体性にもとづいた規範」としての〈本質的な男らしさ〉とは、男性が産まない性であるという、身体性にもとづく本質主義的な男らしさであり、現代日本の「子育て＝母親」規範と裏表の関係にある。ジェンダー秩序の中で、産む性である女性は「他者の活動を手助けする存在」と位置づけられ、それに対して産まない性である男性は「活動の主体」と位置づけられる（江原 2001）。そして男性は「優越・権力・所有」への志向性に強く拘束され（伊藤 1993）、〈本質的な男らしさ〉として規範化される。前述の〈男らしい子育て〉は、この〈本質的な男らしさ〉が子育てに結びついたものだといえる。

〈本質的な男らしさ〉は、「産む身体」をもつために子育てに本質的に結びつけられてしまう〈本質

表 1-2　理論上考えられる 8 タイプの父親像

ジェンダー規範		行為	父親像のタイプ
身体性にもとづいた規範	企業社会にもとづいた規範	ケアとしての子育て	
本質的な男らしさ	「一家の稼ぎ主」という男らしさ		
ある	ある	する	1
		しない	2
	ない	する	3
		しない	4
ない	ある	する	5
		しない	6
	ない	する	7
		しない	8

的な女らしさ〉と裏表の関係にある。フェミニズムが女性のケア役割と「産む身体をもつこと」との関連を強く意識してきたのに対して（田間 2001; 江原 2009 など）、男性学における父親研究では「男性が産む身体をもたないこと」については、あまり取り上げられてこなかった。先にみた「父親の子育て」にみられるジェンダー規範のジレンマから考えても、男性の〈本質的な男らしさ〉を〈「一家の稼ぎ主」という男らしさ〉と合わせてみていくことは、重要である。

もう1つの「企業社会にもとづいた規範」としての〈「一家の稼ぎ主」という男らしさ〉は「男性に、家族の主な（または唯一の）稼ぎ手として、それにふさわしい働き方や役割を求める規範」であり、日本型福祉社会の基盤となり、企業社会の要請にもとづく男らしさである。この〈「一家の稼ぎ主」という男らしさ〉は、妻（母親）が子育てをはじめとするケア役割を一手に引き受けることを前提としており（多賀 2011）、「ケア役割をしない男性」の働き方を標準とする企業のホモソーシャリティによって促進される（海妻 2012）。

男らしさが多様であることは知られていたが（Connell 2005 ほか）、これまでのフェミニズムや父親研究では「いわゆる男らしさ」として、この2つの男らしさのどちらかだけ、またはこれらを混同して使われることが多かった。たとえば男性学の父親研究では、子育てというケア役割と対置する父親の男らしさとして〈「一家の稼ぎ主」という男らしさ〉が取り上げられているが、身体性にもとづいた〈本質的な男らしさ〉にはあまり注目されていない（多賀 2011 など）。また管見の限り、多様な男らしさと子育ての内容等との関連から父親像を示した研究はない。そこで本書では、これらの性質の異なる男らしさを区別した上で〈ケアとしての子育て〉と組み合わせて考察した結果、表1－2のとおり、理論上考えられる8つのタイプの父親像が浮かび上がった。

表1－2からは「父親の子育て」が多様だということがわかる。「母親の子育て」の場合は、ジェンダー規範としての女らしさと〈ケアとしての子育て〉とのジレンマがないため、一般的に「世話」や「交流」（舩橋 1998）を中心とした〈ケアとしての子育て〉をしていると考えられる。しかし「父親の子育て」の場合は、〈本質的な男らしさ〉および〈「一家の稼ぎ主」という男らしさ〉と〈ケアとしての子育て〉の組み合わせにより、8タイプの多様な「父親の子育て」が考えられるのである。

もちろん、これらの父親像は理論上の仮説であり、現実の父親像との比較が必要である。たとえばタイプ1は〈本質的な男らしさ〉も〈「一家の稼ぎ主」という男らしさ〉もあり、〈ケアとしての子育て〉をしている父親像である。先にみたように、現代の日本社会の中で〈「一家の稼ぎ主」という男らしさ〉に沿った働き方をすると長時間労働になりがちなため、物理的・時間的に〈ケアとしての子育て〉の実践は難しくなる。また逆に、タイプ8は〈本質的な男らしさ〉も〈一家の稼ぎ主〉という男らしさ〉もなく、〈ケアとしての子育て〉をしない父親像であるが、稼ぎ手役割も子育てというケア役割も果たさない男性を「父親」といえるのかという問題もある。そこで本書では、これらの父親像を理論上の仮説として、この後の第2章〜第4章で実証データと比較していく。

★註

（1）落合（2004）はその時期を、1925年〜1950年生まれの人が結婚して家族をつくるのが主流だった時代としている。
（2）これは1985年の女子差別撤廃条約批准を契機にしたものだが、1974年からの「家庭科の男女共修をすすめる会」など、男女がともに学ぶ家庭科を求める市民運動の成果でもある（朴木 2002）。
（3）具体的には、週労働時間60時間以上の雇用者の割合は10・8％（2009年）を半減（2017年）する、6歳未満児のいる家庭における男性の育児・家事時間は60分／日（2009年）を2・5時間／日（2017年）にすることが目標であるが、現状は遠く及ばない。
（4）2005年に男性向け経済誌から、『プレジデント・ファミリー』と『日経キッズ＋《プラス》』が発刊された。
（5）父母がともに育児休業を取得する場合、1歳2ヶ月までの間に1年間の育児休業が取得可能な制度。
（6）イクメンプロジェクトは自ら主催するイベントのほかに、2012年からは、NPO法人ファザーリング・ジャパン主催の「ファザーリング全国フォーラム」内で分科会を開催している。また、イクメンプロジェクトでは「イクボスアワード」を2014年6月からはじめたが、それに先がけてNPO法人ファザーリング・ジャパンが2014年3月から「イクボスプロジェクト」をはじめている。このようにイクメンプロジェクトは、NPO法人ファザーリング・ジャパンと連動しながら活動を進めている。

(7) この「育休・育児体験談」は、本書の第3章で分析・考察している。

(8) そもそもイクメンプロジェクトは父親の育休取得推進を目的としており、啓発対象として企業も強く意識していることは間違いない。そのため、営利団体である企業が「父親の子育て」に理解を示すように、このような表現を取っている可能性はある。

(9) 検証結果が一致しない理由として石井クンツ(2013)は、各研究における調査対象者の多様性や分析手法の違いをあげている。

(10) ただし小笠原(2009)は、労働環境を可変とする前提は高学歴とフルタイム就業の妻という恵まれた条件であり、全ての父親にあてはまるものではないことを強調している。

(11) 「仕事規範」は固定的な性別役割分業意識とは異なり、女性の就業と男性の育児参加を妨げないが、女性が男性と同等の職業上の成功を収めることへの抵抗感を醸成し、男性を仕事に向かわせ、結果として性別役割分業の変容を妨げるものである(小笠原 2009)。

(12) 日本は、子育て支援政策に関連した国家予算が非常に少ない。ＯＥＣＤ主要先進国の公的保育関連支出(生まれてすぐから幼稚園までの保育補助支出と就学前教育支出(幼稚園など)の合計)の各国ＧＤＰ比で比較すると、デンマーク、アイスランド、スウェーデンは１・５％以上と高く、その後をフランス、ノルウェー、英国、フィンランド、ニュージーランドが１・０％以上とつづく。それに対して、日本は０・５％以下と、ほとんど保育支援策がない米国に次ぐ低さである(日興ファイナンシャル・インテリジェンス 2014)。

(13) 松田(2008)での性別役割分業意識の設問は、「男が家族を養い、女は家庭をまもるのがみんなにとってよい」のみである。松田は、この尺度への批判を想定しながらも、この指標は社会学や社会心理学において妥当性が検証され使用されてきたものだとして、「本書の指標のみが、性別役割分業意識を表層的にとらえたものであるというわけではないだろう」(松田 2008：57)と述べている。

(14) たとえば、第３回全国家族調査(ＮＦＲＪ08)の第２次報告書第３巻『家族形成と育児』をみると、父親の育児参加の阻害要因研究はあるが、母親についての同様の研究は見当たらない。

(15) 子育ては親だけが行うものではない。子育てを社会化し、広いネットワークの中で育てることは、子どもの育成の視点からも重要である。しかし本書では、現代日本の重要なジェンダー規範の一つである「標準家族」のように「夫婦で子育てしている状態」に注目して議論するため、このような制限を行う。

(16) 女性比率は、幼稚園教諭が94・0％、保育士が97・4％である（総務省統計局 2017）。

(17) Gilligan（1982＝1986）は他者への思いやりや優しさを女性の本質と位置づけているのではないとして、Noddings（1984＝1997）らの母性の自然主義と区別する議論もある（Brugère 2011＝2014）。しかし本書では、Gilligan（1982＝1986）が男女の差異を強調している点に注目して、このように区分する。

(18) 「経済的依存は多くの場合、同時に精神的・政治的・社会的依存と弱体化の状態を引き起こす。これは二次的依存、あるいは派生的依存と呼ぶことができる」（Kittay 1999＝2010：102）。

(19) 男性学にはキテイのケア論（Kittay 1999＝2010 ほか）を基に、ケアの価値を上げて男性性の一つに位置づける“Caring Masculinity”（Elliot 2016）という主張がある。これは、男性も女性と同様にケアする存在とする魅力的な提案だ。しかし筆者は、ケアを男性性として位置づける限り、先にみた「道徳としてのケア論」のように、その具体的な内容などが本質主義的に性別で異なる危険性を免れないと考えているため、この立場はとらない。なお Elliot（2016）は、男性性の多様性に焦点をあてて議論している点が、本節でみてきたケア論とは立場が異なると考えられるため、本書の分類としてケア論に含めていない。

(20) Fineman（1995＝2003）は、ケアする存在を「母」というメタファーで表現したが、これは男性を排除するものではないと明記している（Fineman 1995＝2003）。しかし筆者は、具体的なイメージとして「母子」を示すことは、子育てというケアの重要性を具体的に訴えられる一方で、女性である「母」というメタファーによって「ケア＝女性」とイメージされてしまう限界もあると考える。

(21) 雑誌に連載中だった上野（2011）を元にして、子育てについて議論したものに牧野（2009）がある。

(22) 牧野（2005）は「子どもと遊ぶ・子どもの相手をする（子どもの身体的・精神的発達をうながすための活動）」として、父親が「スポーツやゲームにはルールがあり、遊びながらルールを守ることの大切さを教えることができます」（牧野 2005：84）という。しかし、これが「仕事で疲れて帰ったお父さんの疲れを癒す楽しみな時間にもなるでしょう」（牧野 2005：84）とも述べている点からは、ここでいう「ルール」は、あくまでも「遊びのルール」であり、舩橋（1998）のいう「社会化」とは異なると考えられる

(23) ここでの「依存」は「ケアが必要な状態」を指し、子どものエンパワメントを否定するものではない。

(24) Butler（2005＝2008）は、主体は他者からの働きかけによって形成されているため、「責任＝応答可能性」としての他者への責任が、つねにすでに主体にとって根源的なものとして存在するという。

(25) 虐待は、おとなからの暴力に子どもを晒しているという点で、「おとなが子どもを健康・安全に養護する行為」を指す「保育」や「育児」にも含まれない。

(26) ここでは、仕事などで親が直接、子どものニーズに応えることが難しい場合は、ほかの人に依頼することも含めている。

(27) 日本では１９９３年まで家庭科が男女別修であったことや、家でのお手伝いの内容が子どもの性別によって違うため（厚生労働省 2014a）、世話の経験は女性の方が多いだろう。しかし子育てについては、今の親世代は実際に親になるまで育児経験がある人はほとんどなく（原田 2002）、それは女性も同様である。

(28) 「ヘゲモニックな男性性」とは、「文化的理想」と「制度的権力」の相乗効果によって最も賞賛される男性性のパターンで、実際に体現できている男性は少ない（Connell 1987＝1993, 2002＝2008, 2005; 多賀 2014）。

(29) 戦後日本の大企業の雇用制度では、ブルーカラーも長期安定雇用・年功序列賃金・企業福祉を獲得するなどホワイトカラーと処遇上の平等化を進めていたが、そこにはホワイトカラーとの間に解消しえない障壁があったという（木本 2002）。この点から、ブルーカラーは、自分の生き方の理想像としてホワイトカラー並みの中間層を目指したと考えられる。そのため本書では、「サラリーマン（Salaryman Masculinity）」を「中間層でホワイ

トカラーの会社員・公務員の男性像」と定義する。

（30）　本書における〈男らしい子育て〉とは、「母親との本質的な差異を強調することによって、父親の男らしさを示す子育て行為」を指す。たとえば、母親が日常的に子どもと行く公園ではなく、男性としての力強さや行動力を示すことができる、非日常的な山でのキャンプなどのアウトドアへ子どもを連れて行く、男性ならではの低い声で本の読み聞かせをする、などが考えられる。

第2章 育児雑誌における父親像と性別役割分業

はじめに

――メディアの中の父親像とジェンダー規範

本章では、父親がすると予想される子育て（イメージ）をみていくため、2009年に発行された育児雑誌における父親像を明らかにし、2010年以降のイクメンにつながる父親像を考察していく。

先にみたように、父親は子育てというケア役割に関わるときにも、男性としての稼ぎ手役割も重視して手放さない傾向にあり、〈「一家の稼ぎ主」という男らしさ〉をはじめとする男らしさは、男性である父親にとって重要なものだという（Ishii-Kuntz 2003; 多賀 2011）。男らしさは、女性との関係だけでなく男性間の関係の中でも構築されるため多様性があることが指摘されており（Connell 2005 ほか）、「父親の子育て」が推奨されている現代では、女性役割とされてきたケア役割である子育てが、父親にとって少なくとも男らしさの価値を減じるものではなくなり、「正当な『男らしさ』の構成要素となりつつあるとさえいえるかもしれない」（多賀 2011：208）とも示唆されている。[1]

ではメディアの中では、どのような男らしさをもつ父親像がみられるのだろうか。ここでメディアに注目するのは、今の親世代は自分の子をもつまで育児経験がほとんどなく、メディアからの情報に頼る部分が大きくなっているからである（原田 2002）。そして、メディアの中でも雑誌は、インターネットやテレビと並んで、乳幼児をもつ親の重要な育児情報源となっている（ベネッセ次世代育成研究所 2012）。その特徴としては、特定の層を対象に、読者のパーソナルな気持ちに訴えて誌面上に「雑誌共同体」[2]を構築しようと働きかける中で、読者に性役割を伝える機能があることがあげられる（諸橋 1993，2005；中村 2007a；日本雑誌広告協会 2008）。したがって、雑誌における父親像は、読者のジェンダー規範になっている可能性がある。

本章では、第1節で雑誌分析の先行研究を整理して、分析視点を示す。次に、第2節で分析方法を説明した上で、分析によって明らかになった父親像を示し、第3節でその考察を行う。最後に第4節で今後の課題も含めてまとめを行う。

1．雑誌における男性像と父親像
——先行研究と本章の分析視点

ここでは、雑誌における父親像および男性像を分析した先行研究をみていく。

社会言語学の分野で、多様な男らしさがどのように構築されているかに注目した中村（2007b）は、男性向けファッション誌を分析した。２０００年の男性向けファッション誌においては、男性集団は階層的な人間関係を形成するというジェンダーのステレオタイプを資源とすることによって、軍隊のように組織的な上下関係の「雑誌共同体」をつくり出し、その中で、それまで女性の領域だったファッションを男らしさと結びついている戦争の枠組みでとらえることによって男性化していると指摘する（中村 2007a）。また、ここでの男らしさは時代とともに変化している。１９９０年代の「恋愛資本主義」以降、女性の好感度をあげる男らしさが重視されるようになった。その中で、ファッションは好感度をあげる重要アイテムの１つとなったため、２００７年の「雑誌共同体」の中の男性集団の関係は、講義する「先生」とそれを聞く「生徒」のような関係に変わり、もっている情報量によって、その上下関係が決まるようになってきたという（中村 2007a）。

雑誌における父親像については、日本での研究はまだ少ない。多賀（2010, 2011）や天童・高橋（2011）は、２０００年代の教育雑誌では、子ども（主に小学生以上）の学校選択や受験支援などの家庭教育における父親の教育役割が重視されるようになったことを明らかにした。また、この「家庭教育をする父親像」が、子育てに積極的で性別役割分業を解消していく存在にみえる一方で、父親の役割を母親とは違うものとすることによって、性別役割分業を強化する面もあることを指摘している。

高橋（2004）は、１９７０年代～１９９０年代の育児雑誌上の乳幼児の父親像が「子育てをしない父親」から「子育て参加を当然とする父親」へと、固定的な性別役割分業を解消する方向に変化しているという(3)。ただし、ここでの「父親の子育て参加」の具体的なイメージは、父親／母親のおかれている社会的文脈によって異なるとされ、具体的な父親像は示されていない。また、高橋（2004）が分析した後にあたる、２０００年代の育児雑誌上の父親像を分析した研究は、管見の限りない。

第1章でみたように、２００2年以降は少子化対策等で父親支援が活発になり、イクメンにつながる父親像が構築されつつあったと考えられることから、その後の「父親の子育て」を考察する上で重要な時期にあたる。そのため、この時期の雑誌上の父親像を明らかにすることは、現代日本の「父親の子育て」とジェンダー規範との関連を考察する上で重要である。

さらに、一般に乳幼児は世話が多く必要であるため、父親もケア役割をする機会が多いと考えられる。その場合にみられる父親像を考察することは、本書で〈ケアとしての子育て〉について考察する上で大切である。また「社会生活基本調査」（総務省統計局 2017）によると、父親の1日あたりの育児時間は、末子が3歳未満の場合は58分、3～5歳では48分、6～9歳では8分と子どもが小さいほど長いことから、子どもが小さい方が、より多様な父親像を考察できると考えられる。そこで本章では、２０００年代後半の乳幼児の父親像に対象を絞ることとする。(4)

分析視点としては、男らしさが女性との関係だけでなく男性間の関係の中でも構築されることによって多様性をもつこと（Connell 2005 ほか）に注目し、①稼ぎ手役割をはじめとする父親像のもつ男らしさの多様性、②父親が子育てというケア役割をする際の男らしさの構築、③父親像の構築の際の男らしさの組み込まれ方、の3点に注目しながら、父親像について考察していく。

2.『たまごクラブ』『ひよこクラブ』の父親コーナー
――調査方法と分析対象誌の特徴

本章では、育児雑誌『たまごクラブ』『ひよこクラブ』をとりあげる。『たまごクラブ』は妊娠中の、『ひよこクラブ』は出産後から1歳半までの子どもをもつ母親を対象とした月刊の育児雑誌である。1993年の創刊以来、読者の支持は高く、2015年頃までは約7割のジャンルシェアを誇っていた（ベネッセコーポレーション 2015）。本章では、2009年1月号～10月号の父親向け連載記事（以下、「父親コーナー」）である「パパが読むたまご新聞」（以下、「たまご新聞」）、「パパひよこクラブ」（以下、「パパひよこ」）を分析する（表2－1）。

分析対象をこの時期とするのは、2000年代後半の中でも、父親支援政策として重要なイクメンプロジェクトが始まる直前に当たり、父親の具体的な子育てが話題になった時期だからである。第1章でみたように、2009年には育児・介護休業法を改正し、父親の育休取得を促すために「パパ・ママ育休プラス」が整備されたことにともなって、2010年からは厚生労働省がイクメンプロジェクトを開始した。民間でも、2006年にNPO法人ファザーリング・ジャパンが設立し、「子育てパパ力検定」の実施がマスコミで話題になり、安藤哲也代表理事が内閣府の少子化対策プロジェクトに参加するなど、ソーシャル・ビジネスとしての父親支援をはじめている（NPO法人ファザーリング・ジャパン 2012）。そして本章の分析対象誌である『たまごクラブ』『ひよこクラブ』も、これらの動き

表 2-1　分析雑誌一覧

	雑誌名	たまごクラブ	ひよこクラブ
雑誌全体	創刊年	1993年10月	1993年10月
	出版社	ベネッセコーポレーション	
	キャッチコピー	わくわく妊娠生活体験アドバイスマガジン	すくすく育児体験アドバイスマガジン
	ターゲット層	妊娠中、出産を控えたママ	出産後から１歳半までの赤ちゃんを持つママ
	実際の読者層	第１子目を妊娠中の専業主婦 平均年齢28才	第１子目の専業主婦 平均年齢28才
	対象の子ども	(胎児)	０～１才６ヶ月
	発行部数 (JMPA マガジンデータ 2009年７月～９月算定)	141,600部	203,500部
	各号の 平均ページ数	286ページ	296ページ
父親コーナー	コーナー名	パパが読むたまご新聞	パパひよこクラブ
	各誌の中の掲載場所	中程	後半
	掲載ページ数	２ページ（見開き）	７ページ（切りとると別冊になる）
	各誌全体に占める割合	0.7%	2.7%
	コーナーの紹介コピー	「パパになる男のための専門紙」	「男親には男のこだわりと幸せがある！」
	ページの構成	右ページ 　専門家による解説 左ページ 　上部　読者からのアンケート結果 　下部　読者からの投稿「新米たまひよパパForum」 　左側　父親の４コマ漫画、投稿募集	1-3ページ 　特集記事 ４ページ 　専門家による赤ちゃんの生態の解説「赤ちゃんのいろいろな不思議さまざま解明隊」 ５ページ 　専門家による子育ての悩み相談「失敗から学ぶパパお世話」 ６ページ 　読者からの投稿「パパと赤ちゃん12のスタイル」 ７ページ 　父親のロールモデル紹介記事「隣のパパの現在・過去・未来」
	掲載時期	2008年11月号～2009年10月号	2008年11月号～2009年10月号

※日本雑誌協会（2010）；ベネッセコーポレーション（2015）を参照し、筆者作成

表 2-2　「たまご新聞」記事一覧

掲載号	記事(1)：右ページ	記事(2)：左ページ上	記事(3)：左ページ下
	見出し	見出し	新米たまひよパパ Forum
1月号	妊娠中の引っ越しは時間もお金も余裕を持って	薄味・低カロリー・高タンパク……ニンプ食で夫のメタボも解決⁉	産院不足・オレの実体験
2月号	臨月の過ごし方は、もしものことも必ず考えて	「あなたは妊娠を喜んでない！」と妻に言われた…そのときどうする⁉	母親が働くこと・ぶっちゃけオレは…
3月号	育児時間が少なくても大丈夫。「浴育」で父子の絆づくり	子どもの誕生をきっかけに車を買うならどんなタイプにする⁉	オレの理想の父親像
4月号	育児グッズ、お世話テクニック…マニアックに追求すれば，パパの育児が楽しくなる！	子どもの「食育」。将来、父親としてできることは⁉	お金をかけない育児は可能⁉
5月号	専業主婦母には不利⁉ 子育て支援制度の実態	減った？やりくりは？ パパのこづかいの現状	子どもは○人ほしい！その理由は
6月号	保険のキホンを知っておけ！保険は貯蓄じゃない！「無駄にするもの」と心得よ	子煩悩？脳メタボ？イケメン？キミの思う「かっこいいパパ」とは？	どう思う？よその子をしかれない大人
7月号	相澤タロウイチさんに学ぶ「パパ育児」子ども嫌いだった男でも育児はできる！	外出は抱っこひもで、「パパ抱っこ」のすすめ	妻の両親とどうつき合ってる？
8月号	妻の妊娠で悪化することもある！ 「嫁姑関係」におけるパパの役割を考える	職場への妊娠報告はいつごろがベスト？	妻が自宅出産すると言ったら？
9月号	妊娠中から「男子厨房に入るべし」「パパ料理」は家庭の笑顔を作りだす	子どもが病気に‼ そのとき父親は何ができる⁉	「専業主夫」どう思う？
10月号	エコカー減税だけではない！買い替え補助金に注目！古い車の買い替え、2011年3月までが得⁉	父親として、子どもに「これだけは教えたい」ことは？	「中学受験」どう思う？

表 2-3 「パパひよこ」記事一覧

掲載号		1ページ	2～3ページ	4ページ	5ページ	6ページ	7ページ
	タイトル	（表紙）	（特集）	赤ちゃんのいろいろな不思議さまざま解明隊	失敗から学ぶ パパお世話	パパと赤ちゃん 12のスタイル	隣のパパの 現在 過去 未来
	上部見出し	男親には男のこだわりと幸せがある！	男親の育児カンカンガクガク	男親に送る特別便	男親 育児の壁	男親 Photo 日誌	突撃 ある男親の育児
1月号		わが子と過ごす時間は？ パパたちの時間管理術	パパたちのわが子と過ごすタイムスケジュール	赤ちゃんの人見知り	夜泣き！ 夜更かし⁉ 寝てくれよ～！	パパとゴクゴク・モグモグ	仕事の顔は社会人野球の選手 家に帰れば子ども第一のやさしいパパ
2月号		どんな子どもに育てるかわが子の未来予想図	パパが思う 娘＆息子の将来	赤ちゃんのよだれ	動く⁉ 小さい⁉ どうやって着せるんだ～？	パパが得意なお世話	大好きなヘビメタを聴きながら息子と過ごす至福の休日
3月号		今日はパパがカメラマン その一瞬を見逃すな‼	ママを「アッ」と言わせるテクニックを紹介 赤ちゃんをもっとかわいく撮る方法	赤ちゃんの目と視力	すべる！ 落とす⁉ 小さくて洗えない～！	僕と赤ちゃんのお気に入り	理想どおりのマイホームで過ごす家族4人のハッピーな日常
4月号		不況長期化が叫ばれる今だからこそ 育児・教育費を正しく知ろう！	計画は0才代から…今、貯めなくて、いつ貯める⁉ 将来の教育費 今から準備	赤ちゃんの指しゃぶり	飲まない、食べない、うまくいかない～！	パパ！寝かしつけに挑戦	子どもの泣き顔もまたかわいい 等身大で育児を楽しむパパの休日
5月号		パパのための育児雑学 Q&A 55	パパのための育児雑学 Q&A 55	赤ちゃんの嘔吐	語りかけ、何を話せばいいのかわからない！	僕が好きな赤ちゃんのポーズ＆瞬間	自分の娘だからこその保育がある 日々、発見を楽しむパパの日常
6月号		わが子が生まれた瞬間、実感、決意、変化 僕たちの FA（father）宣言‼	僕たちの FA（father）宣言‼	赤ちゃんの体温	鼻の穴？ つめ切り⁉ 怖くて無理！	僕とわが子のお出かけスタイル	大好きな自転車が仕事にも… 大事な家族を両輪にのせて走り続ける
7月号		大変⁉だけれど幸せがいっぱい 2人目育児の現実	2人目育児の現実	赤ちゃんの睡眠	2人きりで家の外。かなり不安…	僕と似ているところ・しぐさ	娘は抱っこ、息子とはカードゲーム 家族大好きパパの多忙な子育てライフ
8月号		厳選！おれたちのこだわりアイテム	厳選！おれたちのこだわりアイテム	赤ちゃんの蒙古斑	止まらない嵐の大泣き、どうしよう～！	苦手なお世話に挑戦！	育児は大胆にやるのがコツ 息子の成長を楽しむパパ流の子育て
9月号		赤ちゃんに読み聞かせてあげたい絵本	パパが選んだ！おすすめ本はコレだ	赤ちゃんの味覚	パパの「抱っこ」はどうしてダメ？	パパがスタイリスト！	平日の育児はほとんどできないけれど 愛情は年中無休のパパ・ライフ
10月号		赤ちゃんも大切！でも…、やっぱりママがいちばん‼	やっぱりママがいちばん‼	いないいないばぁ	1人で病院へ…連れていける⁉	うちの子、ここがすごい！	家族との時間をたっぷり楽しむ、職住近接の子育てスタイル

を受けて父親コーナーの連載をはじめている。[5] したがって、この時期の父親コーナーを分析することにより、現在のイクメンにつながる父親像をみていくことができるだろう。

本章で分析する父親コーナーには、どのような特徴があるのだろうか。まず『たまごクラブ』に掲載されている「たまご新聞」は、妻が妊娠中の父親を対象とし、妊娠・出産・子育てにまつわる話題を幅広くとりあげている（表2－2）。抱っこや食事、お風呂などの妻子への世話や、父親としての心構えの記事が多いが、中には祖父母との付き合い方（7・8月号）や車の買い替え（3・10月号）のように、子育てとは直接関係がない記事も含まれている。

一方、『ひよこクラブ』に掲載されている「パパひよこ」は、0～1歳半の子どもを持つ父親を対象としており、「たまご新聞」に比べると、子育てに直接関係する記事が多い（表2－3）。1～3ページ目の特集では、時間管理の方法や教育費、読み聞かせについてと幅広く取りあげられているが、その後のページは、専門家による赤ちゃんの生態と世話の方法の解説、ロールモデルとなる父親の子育て紹介という具体的な内容となっている。

3．3つの父親像《稼ぎ手としての父親》《子育てする男》《子育てが苦手な男》とサクセス・ストーリー

記事の分析は前述の分析視点にもとづき、はじめに①稼ぎ手役割をはじめとする父親像のもつ男らしさの多様性について、稼ぎ手役割やケア役割をもつ父親像、そしてそのほかの父親像が記事の中

にみられないかを検討した結果、《稼ぎ手としての父親》《子育てする男》《子育てが苦手な男》という3つの父親像がみられた。次に、それぞれの父親像について② 父親が子育てというケア役割をする際の男らしさの構築と③ 父親像の構築の際の男らしさの組み込まれ方を検討した。以下では、それぞれの父親像について詳しくみていく。

(1)《稼ぎ手としての父親》

《稼ぎ手としての父親》は、ジェンダー秩序の中で男性役割とされる「一家の稼ぎ主」として、稼ぎ手役割を担う父親像である。

「たまご新聞」の中には、《稼ぎ手としての父親》は比較的はっきりとあらわれる。たとえば、かっこいいパパのイメージについての記事(『たまご』6：89)[6]では、読者アンケートの結果が「仕事と家庭を両立できる男(傍点筆者、以下同)」と大きく明記されている。そして「妻子に優しく、積極的に育児に参加するのがかっこいいパパ像」だとした後、「『仕事もできる』という前提があっての話なので、父として、男としての責任を果たすことが、かっこよさの条件となっているようだ」と、《稼ぎ手としての父親》が「父」「男」という男らしい人称を使って説明されている。またほかにも、家庭料理の記事(『たまご』9：86)では、父親が家族のために料理をすることによって相手への気配りや段取り力がつき、それが仕事のスキルアップにつながるとされている。ここでは、《稼ぎ手としての父親》が前提となっているために、父親の料理が直接的に妻や子の世話というケア役割になるだけでなく、結果的に稼ぎ手役割につながっていると考えられる。

また、《稼ぎ手としての父親》が隠れた形であらわれる場合もある。子育て支援制度を紹介する記事（『たまご』5：98）には、《稼ぎ手としての父親》についての直接的な記述はない。しかしその内容が、全て専業主婦家庭向けの制度の話となっていることから、この記事で想定されている読者は「専業主婦の妻をもつ夫」、つまり「家族の中の唯一の稼ぎ手（「一家の稼ぎ主」）」だといえる。したがってここでは、専業主婦家庭を中心に話を進めることによって、《稼ぎ手としての父親》のイメージを伝えているといえるだろう。

他方、「パパひよこ」では、父親の子育てエピソードの中に《稼ぎ手としての父親》がでてくる。たとえば、「パパひよこ」7ページ目には父親のロールモデルを紹介するコーナーがあるが、父親がどのように子育てをしているかなどについて紹介する中に、さりげなく《稼ぎ手としての父親》が登場する。それは、「平日は仕事が忙しく、あまり育児のサポートはできないが」（『ひよこ』8：249）と現状を説明するものだけではなく、「赤ちゃんを授かってから、会社では役職面、収入面でもより上をめざす気持ちが強まった」（『ひよこ』9：221）、「パパになってから仕事にも気合が入り、営業成績をグッと上げた」（『ひよこ』4：277）のように、子育てが仕事のやる気やスキルアップにつながることを示したものもある。

（2）《子育てする男》

《子育てする男》は、ケア役割を担う父親像である。ここで「父親」ではなく「男」とするのは、後述するように、父親のケア役割が語られる中に、男らしさの強調がみられるからである。

《子育てする男》は、「たまご新聞」では「子育てに消極的なパパ」との対比で登場する。たとえば、先輩パパへのアンケート結果「『妻子に優しく、積極的に育児に参加するパパ』というのがかっこいいパパ像として浮かび上がった」(『たまご』6：89）では、暗にその対比として「妻子に優しくない子育てに消極的な、かっこ悪いパパ」があらわれている。また、子どもの病気についての記事では『仕事があるから妻任せ』はもってのほかだ！」(『たまご』9：87）と、仕事を理由に子育てに関わらない父親を否定している。これらの記事での《子育てする男》は、一見、母親と一緒にケア役割をする、母親と対等な関係にある父親像にみえる。しかし、上記のように父親のケア役割の重要性が語られた後に、「父として、男としての責任を果たす」(『たまご』6：89）のように「父」「男」という男らしい人称を使うなどして、父親の男らしさを示す記述があることから、母親同様にケア役割を担いながらも、母親とは決して対等にならない父親像が浮かび上がる。

父親に子育て参加を勧める記事（『たまご』4：254）では、「育児を自分の楽しみとして積極的に取り組むネオパパ」と対比して、「家族に無関心で育児にも消極的なオールドパパ」が紹介されている。そして、「今は、積極的に育児に参加し、育児を楽しめる父親こそがカッコイイ男なのだ」と「男」という人称を使うことで、子育てに積極的な父親の方が男らしいことを示している。ここでは「今はよきパパこそ成功のシンボルとなっています」と、父親の子育てという男らしさが社会的な成功につながるという記述がみられる。つまり「たまご新聞」における《子育てする男》は、「妻子に無関心で、子育てに消極的な父親」との対比であらわれ、子育てすることをほかの男性との関係の中で構築される、新しい男らしさとして示す父親像だといえる（Connell 2005; 多賀 2011 など)。

他方、「パパひよこ」では、「たまご新聞」のように父親のケア役割が明記されることはない。しかし子育てに積極的な父親からの投稿やインタビュー記事などを多く掲載することによって、《子育てする男》を自明視しているといえるだろう。たとえば、5ページ目の父親の赤ちゃんの世話の悩みに幼児教育の専門家（男性）が答えるコーナー「失敗から学ぶパパお世話」では、苦手な世話を避けようとする父親に対して、専門家が「［つめ切りに］たまに失敗しても、くじけずに！」（『ひよこ』6：187、［ ］内は筆者補足、以下同）や「［抱っこを］暑いからといって避けないように！」（『ひよこ』9：219）など、父親の積極的な子育てを勧めている。そしてここでも、「ママとのチームプレーも必要だ」（『ひよこ』6：187）と、母親と一緒に世話をする大切さが示されている。

一方で、その中にみられるのが〈母親との差異化〉である。上記の「失敗から学ぶパパお世話」では、「ママは行かない散歩コースの開拓も◎」「緊急事態でも［母親のように］あわてない対応力が、パパの腕の見せどころだ」（ともに『ひよこ』7：223）や、「［読み聞かせは］男性と女性の声の違い、言葉やリズムの違いこそ［赤ちゃんの］豊かな栄養になる」（『ひよこ』5：217）など、母親がしない／できないことを父親がするように勧めている。「たまご新聞」にも「一家の主《あるじ》として冷静に事態を把握し、妻にも子にも安心感を与えられるように行動してほしい」（『たまご』9：87）など、男らしさの強調による〈母親との差異化〉がみられる。したがって、《子育てする男》は〈母親との差異化〉によって示される男らしさ、つまり、女性との関係の中で構築される〈本質的な男らしさ〉をもつ父親像でもあるといえる。

(3)《子育てが苦手な男》

本章の分析対象誌には、先行研究にはない新たな父親像として《子育てが苦手な男》がみられた。《子育てが苦手な男》は、ケア役割に関わって女性との関係の中で構築され、《子育てができる母親》の対比としてあらわれる。これらは、父親は男であるがゆえに子育てが苦手で、一方、母親は女ではなく「母親だから子育てができる」という、本質主義的なものだといえる。[7]《子育てが苦手な男》は、先にみた《子育てする男》に対置されていた「子育てに消極的な父親」とは異なり、子育ては苦手で母親のように上手くできないとしながらも、《子育てする男》と同じく、子育てというケア役割に関わる父親像として示されている。

たとえば「たまご新聞」の「子ども嫌いだった男でも育児はできる!」(『たまご』7:92)は、『実は子どもは苦手。育児ができるか不安』というたまごパパは結構多い」で始まる。そして育児体験記を出版した父親が「『母親はおなかの中で子どもを育て、さらに母乳を介して子どもと密着した関係になりますから、育児に思い入れが強いですよね』」と、母性神話のような《子育てができる母親》を紹介する。その後に「妻のように育児をこなせず、引け目を感じるパパも多い」「新米パパは〝育児免許〟をとるための練習中。『何か間違っても教官である妻がなんとかしてくれる』」と、《子育てができる母親》と対比させて《子育てが苦手な男》が登場する。また中には「正直なところ、男は子どもができてもすぐ父性に目覚めるわけではない」と、暗に「子どもができればすぐ母性に目覚める母親」との対比もみられる。ここでは母親は「育児をこなす」「［子育ての］教官」と主に子育てをする存在とされ、一方で「子ども嫌い」「父性に目覚めていない」父親の人称を「男」にすることで、父親は「男性＝子育てが苦手な存在」とされている。ほかにも「[父親は]母親と同じように育児ができなくて当然」（『たまご』4：254）、「赤ちゃんとの接し方がわからず、うまれてからのかかわりが不安、という人[＝父親]も多いはず」（『たまご』3：202）という記述がみられる。

先の（2）《子育てする男》でとりあげた「パパひよこ」の「失敗から学ぶパパお世話」は、実はコーナー自体が《子育てが苦手な男》が前提となっている。たとえば、語りかけや読み聞かせの回では、「『かわいい』『大好き』という言葉を男が言うことに抵抗がありました」（『ひよこ』5：217）という父親に対して、専門家が「育児には男として声に出すことがなかった言葉が頻発する」と答えており、人称に「男」を使うことによって、父親は男性であるために子育てが苦手だとしている。そしてここでも《子育てが苦手な男》と《子育てができる母親》の対比がみられる。それは、「パパの抱っこが不安定なのを赤ちゃんなりに学習していると、安定感のあるママの抱っこを求めるもの」（『ひよこ』9：219）、「やっぱりママがいないと不安！」「[父子の]2人だけで家の外に出るのは不安になる」（ともに『ひよこ』7：223）と、はっきりと明記する場合や、「『[ミルクの]量が多いほど栄養になる』というのは男性にありがちな勘違い」（『ひよこ』4：275）、「[つめ切りや耳掃除は]パパには怖くてできない」（『ひよこ』6：187）と、「父親にはできない」ことを示すことによって、暗に「母親にはできる」ことを示している場合もある。

したがって《子育てが苦手な男》は、父親の「男という性別」によって規定される〈本質的な男らしさ〉をもつ父親像として構築されている。ここでは、《子育てする男》のように〈母親との差異化〉がみられ、それによって「子育てが苦手」という男らしさが示されている。しかしここには、母親に対する優越性はない。むしろ《子育てが苦手な男》は、「家庭領域の子育てという場」において主な役割を担う、《子育てができる母親》の下に位置しているといえる。

(4) 父親のサクセス・ストーリー

これまでみてきた《稼ぎ手としての父親》《子育てする男》《子育てが苦手な男》という3つの父親像は、別々にあらわれるだけでなく、同時にあらわれる場合もある。

たとえば、前述の《子育てする男》を成功のシンボルとする記事(『たまご』4:254)では、この成功の対比として「仕事ができない情けない男」という、昔のマイホームパパのイメージをあげている。つまりここでの《子育てする男》は、仕事ができる《稼ぎ手としての父親》でもあるといえるだろう。そしてその後には「母親と同じように育児ができなくて当然」と《子育てが苦手な男》があらわれる。したがってこの記事では、《稼ぎ手としての父親》のまま、《子育てが苦手な男》から《子育てする男》になることが、父親のサクセス・ストーリーとして描かれている。

一方、「パパひよこ」には同様の記事は見当たらなかった。しかし「パパひよこ」全体の構成をみると、1~4ページ目で読者の声も交えながら子育ての知識を伝えることで《子育てする男》を示し、5~6ページ目で父親が苦手な世話に頑張っている様子から《子育てが苦手な男》が《子育てする男》になっていくところをみせ、7ページ目で《稼ぎ手としての父親》であり《子育てする男》であるロールモデルを紹介するというページ構成をとっている(表2 - 3)。それにより「パパひよこ」全体として、「たまご新聞」と同様の父親のサクセス・ストーリーを示していると考えられる。

4．3つの父親像と〈ケアとしての子育て〉

(1) 3つの父親像にみられるジェンダー規範

本章の分析によって明らかになった3つの父親像のうち、《稼ぎ手としての父親》と《子育てする男》は先行研究にもみられたものである（Ishii-Kuntz 2003; 舩橋 2006; 多賀 2011）。そのうち《稼ぎ手としての父親》は、性別役割分業の男性役割である稼ぎ手役割がそのまま、男性である父親の役割とされたものであり、〈「一家の稼ぎ主」という男らしさ〉に沿った父親像だといえる。

一方で、子育て役割を担う《子育てする男》は、多賀（2011）が示唆した「父親の子育てというケア役割が男らしさの構成要素となっていること」を明らかにした。この《子育てする男》は、母親と一緒に子どもの世話をすることによって、高橋（2004）のいうように、母親との関係が固定的な性別役割分業を解消する方向に変化しているようにみえる。しかし、〈母親との差異化〉という形で男らしさを示すことによって、父親が母親に対する優越性を保っていたことから、《子育てする男》は、「父親の子育て」というケア役割が母親のそれとは異なるものであり、父親という存在が母親の上に位置するものであることを示しているといえるだろう。つまり《子育てする男》は、ファッションの男性化（中村 2007a）のように、女性役割とされてきた子育てというケア役割を〈本質的な男らしさ〉と結びつけることによって男性化し、〈男らしい子育て〉にしているといえる。この点からは、子どもが成長することによって、《子育てする男》が「家庭教育をする父親像」（多賀 2010, 2011; 天童・高橋

2011）につながっていく可能性が示唆される。

それでは、本章では先行研究にはない、どのような新しいジェンダー規範がみられただろうか。第一に、新たな父親像として《子育てが苦手な男》がみられた。この《子育てが苦手な男》は、父親の男という性別によって本質主義的に構築され、〈本質的な男らしさ〉を含んだ父親像である。そして「父親の子育て」を語る際に《子育てが苦手な男》を父親の本質的な前提とし《子育てができる母親》と対比することで、《子育てが苦手な男》という父親像は、結果的に母性神話を裏付けている。この《子育てが苦手な男》によって、父親は男性であるがゆえに〈ケアとしての子育て〉の実践が不可能だということにつながりかねないだろう。

第二に、《稼ぎ手としての父親》のまま《子育てが苦手な男》から《子育てする男》になることが、父親のサクセス・ストーリーとして示されていた。このストーリーの中では、《稼ぎ手としての父親》と《子育てする男》は成功例として肯定され、《子育てが苦手な男》は男性の本質として理解されながらも、失敗例として否定されている。《子育てする男》と《子育てが苦手な男》は、同じ子育てというケア役割に関わる父親像でありながら、それに対する評価が分かれているのはなぜだろうか。この2つの父親像の相違点としてあげられるのが、〈母親との差異化〉の違いである。《子育てする男》と《子育てが苦手な男》には、どちらにも〈母親との差異化〉がみられたが、それによる父親と母親との関係が異なっている。父親は、《子育てする男》では母親の上に位置しているが、《子育てが苦手な男》では母親の下に位置しており、全く上下逆の関係となっているのである。したがって本章の分析対象誌において、ケア役割に関わる父親像として承認されるかどうかは、母親との関係において父親が優位に立てるかどうかによっているということが示唆される。

第三に、前述のサクセス・ストーリーにみられた、父親の子育てに関わるジェンダー規範がある。サクセス・ストーリーの中で成功例とされていた《稼ぎ手としての父親》と《子育てする男》という組み合わせは、子育てに積極的でありながら、それへの関わりを稼ぎ手役割と抵触しない範囲内にとどめる「男性の二重役割タイプ」(舩橋 2006) であり、イクメンにつながる父親像である。このタイプの父親は、性別役割分業をこえて育児負担はしない (舩橋 2006)。したがって、本章の分析対象誌上では、父親に対して子育てへの積極的な関わりを勧めながらも、〈「一家の稼ぎ主」という男らしさ〉を手放さないようにすることが、1つのジェンダー規範となっている。

(2) 3つの父親像と理論上の父親像

ここでは、本章で明らかとなった父親像を、第1章で示した理論上の8タイプの父親像と比較する。本章でみられた《稼ぎ手としての父親》《子育てが苦手な男》《子育てする男》という3つの父親像が、どのタイプにあてはまるのかを示したものが、表2-4である。

3つの父親像に共通しているのは、〈本質的な男らしさ〉と〈「一家の稼ぎ主」という男らしさ〉の両方をもっているということである。本章における分析対象誌には、どの父親像においても「男」や「父」という男らしい人称による男らしさの強調がみられ、専業主夫のように稼ぎ手役割をもたない父親像は登場しなかった。また、《稼ぎ手としての父親》のまま《子育てが苦手な男》から《子育てする男》になることが父親のサクセス・ストーリーとして示されていることからは、子育て役割に関

表 2-4　理論上の父親像との比較

ジェンダー規範		行為	父親像の理論上のタイプ	実証データ
身体性にもとづいた規範	企業社会にもとづいた規範	ケアとしての子育て		第 3 章
本質的な男らしさ	「一家の稼ぎ主」という男らしさ			雑誌
ある	ある	する	1	《稼ぎ手としての父親》《子育てする男》
		しない	2	《稼ぎ手としての父親》《子育てする男》《子育てが苦手な男》
	ない	する	3	×
		しない	4	×
ない	ある	する	5	×
		しない	6	×
	ない	する	7	×
		しない	8	×

わる父親像である《子育てが苦手な男》と《子育てする男》は、《稼ぎ手としての父親》が前提になっていると考えられる。

本章の分析対象誌におけるサクセス・ストーリーの中で、《稼ぎ手としての父親》と《子育てする男》は、セットになることで父親の成功例となっている。そのため《稼ぎ手としての父親》の子育て役割は直接的には言及されていないが、《子育てする男》の子育て役割と重なっていると考えられる。《子育てする男》は、世話役割に積極的な点からは〈ケアとしての子育て〉をしていると考えられるので、タイプ1にあたる。しかし《子育てする男》は、母親との差異を強調することによって、その子育ての内容が〈男らしい子育て〉になる場合も否定できない。そのため、〈ケアとしての子育て〉をせず〈男らしい子育て〉をする父親像であるタイプ2にもあてはまると考えられる。

一方、《子育てが苦手な男》は、本質主義的な理由から、子育てが母親のように上手くできないとする父親像である。本章のデータからは、「子どもが苦手」「赤ちゃんとの接し方がわからない」など、子どものニーズをとらえることが苦手だとするケースがみられる。子どもの身体的・情緒的なニーズをとらえることは〈ケアとしての子育て〉に必須のスキルであり、これができないと〈ケアとしての子育て〉の実践はできない。また、父親による「子育てが苦手」という主張は、できるだけ子育てに関わるのを避けたいという意志表示であるとも考えられる。したがって、《子育てが苦手な男》は、できるだけ〈ケアとしての子育て〉を避けようとする、タイプ2にあたる。

分析データの中にみられなかったのは、〈「一家の稼ぎ主」という男らしさ〉をもたない父親像（タイプ3、4、7、8）と、〈「一家の稼ぎ主」という男らしさ〉はあるが〈本質的な男らしさ〉をもたない父親像（タイプ5と6）である。このことから本章の分析対象誌上では「父親の子育て」を語る際に、〈本質的な男らしさ〉と〈「一家の稼ぎ主」という男らしさ〉の両方が重要であることがわかる。

では、本章で分析した育児雑誌において理想とされている父親像は、どのタイプになるのだろうか。父親のサクセス・ストーリーの中で成功例とされる父親像は、《稼ぎ手としての父親》でかつ《子育てする男》であり、表2-4ではタイプ1と2にあたる。タイプ1は〈本質的な男らしさ〉と〈「一家の稼ぎ主」という男らしさ〉のどちらももちながら、〈ケアとしての子育て〉をする父親像であるが、前述のとおり、〈「一家の稼ぎ主」という男らしさ〉は〈ケアとしての子育て〉とは両立しにくいため、父親が〈ケアとしての子育て〉をしているならば、第1章でみたようなジレンマを抱えているはずである。しかし本章の分析対象誌上では、父親が行う子育てと〈「一家の稼ぎ主」という男らしさ〉との間のジレンマを抱える父親像はみられなかった。そのため、本章の分析対象誌が成功例として示している父親像は、〈ケアとしての子育て〉ではなく、〈男らしい子育て〉をするタイプ2になるのではないだろうか。それであれば、本章の分析対象誌上においては、理想的な「父親の子育て」として〈男らしい子育て〉が推奨されていることになる。

もし、理想的な「父親の子育て」が〈ケアとしての子育て〉ではなく〈男らしい子育て〉であれば、これまで「仕事と子育て」の間で起こっていた性別役割分業が、今度は「子育て」の中で起こることとなり、父親が子育てに関われば関わるほど性別役割分業が強化されるというパラドックスが生まれる。しかし、ここでは「父親の子育て」の内容を不問に付すことによって『男らしい子育て』をする父親＝子育てをする父親」となり、このパラドックスは不可視化されている。そして、これが不可視化されることによって、父親の〈「一家の稼ぎ主」という男らしさ〉は維持され、父親の〈ケアとしての子育て〉の実践は難しいままになってしまうだろう。

おわりに
——男らしい「父親の子育て」は性別役割分業を解消できるか？

本章では、父親の男らしさの多様性（Connell 2005 ほか）に注目して分析することにより、育児雑誌には《稼ぎ手としての父親》《子育てする男》《子育てが苦手な男》という3つの父親像がみられ、

《稼ぎ手としての父親》のまま《子育てが苦手な男》が《子育てする男》になっていくことが、「父親の子育て」のジェンダー規範として示されていることを明らかにした。本章でみられた父親像によって、父親が母親の子育てとは違う〈男らしい子育て〉を「父親の子育て」として担うと、性別役割分業が強化されるということも指摘した。

他方、本章でみられた《子育てが苦手な男》という父親像は、先行研究にみられない新しい父親像であり、家庭における子育てのような「女性役割」の領域の中では、「子育てが苦手」という〈本質的な男らしさ〉と「子育てができる」という女らしさとの対比によって、男性（父親）が女性（母親）の下に位置する可能性を示唆している。これは、Connell（2005ほか）が、基本的には女らしさよりも男らしさの方が優位だとしているジェンダー秩序とは、異なる現象である。しかし、《子育てが苦手な男》と同様にケア役割に関わる父親像である《子育てする男》と比較すると、本章の分析対象誌上においては、母親との関係において父親が優位にたてるかどうかにより、その父親像が承認されるかどうかが決まることが示唆された。

では、《子育てする男》の行う「父親の子育て」によって、性別役割分業は解消に向かうのだろうか。これまでのジェンダー秩序の中では、ケア役割は女性役割とされ、男性役割である稼ぎ手役割と対置されてきた（江原 2001, 2012；舩橋 2006など）。このような二分法の性別役割分業のとらえ方においては、父親がケア役割をすることによって性別役割分業は解消の方向に向かうと考えられてきた。しかし本章で明らかになったように、「父親の子育て」は〈本質的な男らしさ〉や〈「一家の稼ぎ主」という男らしさ〉によって、〈ケアとしての子育て〉ではなく〈男らしい子育て〉になる可能性があり、今度は子育ての中で新たに、違う形で性別役割分業が起こる。このように、「父親の子育て」が母親のそれとは異なるものとしてダブルスタンダードになる場合は、父親がケア役割を担っているからといって、性別役割分業が解消の方向に向かうとはいえない[(8)]。

本章の分析対象として、父親の具体的な子育てが話題になり、マスメディアや政策などにおいて「子育てをする父親像」が構築されはじめた時期（２００９年）の育児雑誌を取りあげた。第1章でみたように、この翌年（２０１０年）からはじまった厚生労働省のイクメンプロジェクトによって、イクメンを軸とした父親支援政策が盛んになり、少子化対策としてだけではなく男女共同参画政策にも取り入れられていく。しかし、本章の分析対象誌における子育てする父親像の成功例が〈男らしい子育て〉を行う父親像だと考えられることは、この「父親の子育て」が重視されるようになった時期においても、〈本質的な男らしさ〉や〈「一家の稼ぎ主」という男らしさ〉が、父親にとって重要な男らしさだと考えられていることを改めて示している。このことは、現代のイクメンという父親像につながっているのではないだろうか。そして、イクメンが〈本質的な男らしさ〉と〈「一家の稼ぎ主」という男らしさ〉をもって子育てする父親像であれば、〈ケアとしての子育て〉の実践は難しいと考えられる。

では、現実の「父親の子育て」には、どのようなジェンダー規範がみられるのだろうか。また父親が〈ケアとしての子育て〉を実践するために、何が必要なのだろうか。この後の第3章・第4章では、現実の父親に関わるデータを分析していく。

★註

（1）多賀（2011）は「おむつを換えて嫁の手伝いをすることが、男らしいことになるかもしれません」（多賀2011：208）というインタビュー・データからこのような考察を行っているが、その男らしさがどのようなものか、具体的には示していない。

（2）「雑誌共同体」とは、雑誌で使われていることばによって表現される人びとからなる「想像の共同体（Anderson 1983＝2007）」（中村 2007a）。

（3）高橋（2004）はまた、父親の子育てに関する記事の存在自体が、固定化された性別役割分業体制が維持され、克服されるべき課題でありつづけていることを示しているとも指摘している。

（4）母親の育児時間は、末子が3歳未満で２９４分、３～5歳では２２２分、６～9歳では53分であり（総務省統計局 2017）、父親との差は3歳未満で約5倍と、かなり大きい。

（5）編集者にメールでインタビューしたところ、２００８～２００９年頃は育児参加する父親の増加が話題になってきた時期であり、読者からの要望も多かったため、父親コーナーの連載を開始したという。なお２０１７年現在は、『たまごクラブ』には「夫専用たまごクラブ」、『ひよこクラブ』には「ひよこパパジャーナル」（10月号で終了）が連載されているが、今回分析する父親コーナーのような子育てノウハウについての情報は少ない。

（6）『たまごクラブ』6月号の意味。以下同。

（7）なお、分析対象誌にはどちらも、母親を示す人称として「女」は全く出てこない。

（8）本章の限界としては、父親コーナーのみを分析したため、母親向けの記事との比較ができていないことがあげられる。雑誌上の父親像と母親像を比較することは、子育てにおける性別役割分業を考察するために必要だと考えるが、今後の課題としたい。

第3章

公私領域と「父親の子育て」

イクメンプロジェクト(厚生労働省)ホームページの父親の育児体験談から

はじめに

——父親個人の変化と公私領域のジェンダー規範

本章では、イクメンプロジェクト(厚生労働省)のホームページへの父親からの投稿記事を分析データとして、父親が〈ケアとしての子育て〉を実践できるようになる可能性について考察する。

第2章では、イクメンプロジェクトが始まる前年(2009年)の育児雑誌を分析し、そこにみられる3つの父親像によって、《稼ぎ手としての父親》のまま《子育てが苦手な男》が《子育てする男》になることが父親のサクセス・ストーリーとして示されていた。そこで理想とされている父親像は、〈本質的な男らしさ〉と〈「一家の稼ぎ主」という男らしさ〉をもって〈男らしい子育て〉をする父親像であり、現在のイクメンにつながるものである。「父親の子育て」が〈男らしい子育て〉になる可能性があると、これまでいわれてきたように「父親の子育て」が性別役割分業を解消させるとは単純にいえず、父親が〈ケアとしての子育て〉を実践することは難しくなるだろう。
ところで「父親の子育て」の意義について、先行研究ではどのようにとらえられてきただろうか。それは、大きく次の3つに分けられる。①子どもの発達に与える影響の重要性（Lamb 1976＝1981; 加藤・石井クンツ・牧野・土谷 2002; 佐々木 2009 など）、②母親の育児不安や育児ストレスの軽減（牧野 1982; 松田 2001; 星 2012 など）、③子育てによる父親自身の発達・変化への影響（柏木・若松 1994; 牧野暢男 1996; 庭野 2007 など）。

このうち③子育てによる父親自身の発達・変化への影響は、生涯発達の観点から父親自身の変化をみていくものである。たとえば庭野（2007）は、父親が「世話役割」をするようになる契機が「子どもと2人きりになる時間をもつこと」であると示唆した上で、父親は子育てをすることによって、リベラルな性別役割分業意識をもつようになるという仮説を導き出した。これは、意識が行為を規定するだけでなく、子どもの世話という行為が、父親の性別役割分業意識に影響することを明らかにした点が意義深い。さらに本書では、性別役割分業を規定していると考えられる公私領域に注目し、このような父親個人の意識・行為の変化が、父親をとりまく公私領域とその中の人びと（メンバー）に与える影響をみていくことによって、父親の〈ケアとしての子育て〉の実践が可能となる契機をみつけることができるだろう。

1．分析枠組「公私領域と性別役割分業の相互作用モデル」

本節では、本章（第3章）および第4章で分析枠組として使用する、父親の意識・行為と公私領域との関連の考察を目的とした「公私領域と性別役割分業の相互作用モデル」を示す。

（1）日本における公私領域と性別役割分業の歴史

明治末からの近代化の中で、父親は雇用労働者として家族の稼ぎ手役割を一手に引き受けると同時に、家庭の中に居場所を失っていった（沢山 2013）。それはまさに、良妻賢母思想の展開と時を同じくしている（牟田 2006）。近代社会形成のイデオロギーとして不可欠な「良妻賢母」というキー概念には、本質主義的な「子育て＝母親」規範が含まれるが、男女同権や男尊女卑ではなく「男女同等」だと抽象的にうたうことによって、具体的な女性の劣位性を表面化させない特徴をもっている（小山 1991）。この良妻賢母思想は、女性に対して抑圧的なものであるが、他方では妻・母として女性の地位を高めるものでもあり（牟田 2006）、戦後に「標準家族」における専業主婦が女性の憧れの対象になったことにつながっていく。それは、女性をよき母・妻として、家庭という私領域に憧れをもって閉じ込めるとともに、男性を一家の稼ぎ手として職場という公領域を居場所とさせて、家庭における子育てなどのケア役割から疎外していく過程であったといえる。

その後、男性の稼ぎで家族の生計を立てる「家族賃金」などの日本的経営システムに適合的な性別役割分業は、戦後の高度経済成長を支えた雇用労働者の増大とともに大衆化していく（宮坂 2008）。1973年のオイルショック後には、不況の中で長期雇用を擁護するために配置転換・出向・転籍というハードな人事異動が行われたが、それらの埋め合わせとして企業福祉が強化され、1970年代半ば過ぎには「会社人間」となった父親の家庭での不在が常態化していく（木本 1995, 2006）。1980年代に入ると、いわゆる「日本型福祉社会」政策のもとで、企業福祉は家族にとってますます重要なものとなり、企業社会は総仕上げされた（大沢 1993）。

こうなると労働者家族は、直接働いている夫だけでなく妻子も含めて、企業に仕事も生活も丸抱えされているように思われる。しかし公私領域との関連で考えていくと、企業福祉が強化されるにしたがい「夫は職場で仕事、妻は家庭で家事・子育て」という性別役割分業も強化され、公私領域間の境界が強化されている。そして単身赴任の多発など、家族の側が企業社会に対して一定の距離をとろうとする変化は（木本 2000, 2006）、公私領域間の境界が強く、家庭における夫の不在が常態化していたからこそ起こった変化だと考えられる。

このように日本では、近代化とともに公私領域が区別され、それにともなって性別役割分業が固定化した。そしてそれは、現代にも根強く引き継がれている。

（2）公私二元論のフェミニズムからの批判

近代社会における公私区分については、フェミニズムの政治理論からの批判があり、公私区分の再検討やケアの重要性の見直しが訴えられている。

ここで一番の問題点としてあげられているのは、公領域で活動する政治的主体を「自立（自律）した個人」とすることによって「依存」を不可視化し、その社会的正義の中に含まないとする点である（Okin 1989＝2013; Kittay 1999＝2010; 岡野 2012）。そのため、子どもや高齢者、障がい者などの依存者はもちろん、そのケアを担う女性も不可視化され、「正義」の対象から外されてしまう（Kittay 1999＝2010; Fineman 1995＝2003）。したがって、ジェンダー秩序は社会的正義の達成と両立不可能であり、ジェンダーをなくすことが絶対要件だという（Okin 1989＝2013）。

Fraser（1997＝2003）も、公私領域を区分し家族賃金を理想とする福祉国家は、古い固定的なジェンダー秩序を前提としているため、女性と子どもに対して適切な社会的保護を提供していないと批判する。そして、現代の脱工業化社会では家族賃金はもはや仮定できないとして、男女ともに稼ぎ手であり無償のケアも担う「総ケア提供者モデル」を提案する。

これらはケアの重要性・必然性の尊重から、性別役割分業の見直しの必要性を主張する、重要な議論である。しかし、女性がケアにしばられ公領域から疎外されている一方で、男性が〈「一家の稼ぎ主」という男らしさ〉から公領域にしばられ、ケアから疎外されているという視点はみられない。

これまでの父親研究では、父親は稼ぎ手役割を脅かさない範囲で子育てをすることが多く（舩橋 2006; 多賀 2011）、母親同様に子育てをしている父親でも男性としての稼ぎ手役割が重要だと考えることが明らかになっている（Ishii-Kuntz 2003）。つまり、〈「一家の稼ぎ主」という男らしさ〉をもつ父親は、公私二元論にもとづく性別役割分業を前提にして、「父親の子育て」というケア役割を考えている可能性がある。また、父親個人が〈「一家の稼ぎ主」という男らしさ〉にこだわらず、家庭で〈ケアとしての子育て〉を実践しようとする場合も、職場などがもつ〈一家の稼ぎ主〉という男らしさによって働き方が規定され、稼ぎ手役割に引き戻されることが考えられる。したがって、ケアと公私領域に関する議論は、「公領域である職場を主な居場所とする『男性である父親』」と「私領域である家庭で実践される『子育てというケア』」との関係をみていく上でも有効である。

そこで本書では、上記のフェミニズムによる議論をふまえ、公私領域を「非家庭／家庭」と定義した上で[1]、職場領域以外の公領域として、子育ての社会化の場である幼稚園・保育園などを「地域領域」として加え、公領域内の相違点についてもみていきたい。

(3) 境界横断者としての父親と「居場所」——公私領域と性別役割分業の相互作用モデル

これまでの議論を元に、ワーク・ファミリー・ボーダー理論(Clark 2000)を参考にして構築したのが、オリジナルの分析枠組「公私領域と性別役割分業の相互作用モデル」である(図3-1)。このモデルでは、目的や文化が異なり互いに影響し合う領域として、公領域の職場領域および地域領域と、私領域の家庭領域をおく。

本モデルがClark(2000)と大きく異なるのは、公私領域の区分を性別役割分業の規定要因と考える点である(落合 2004)。ジェンダー秩序の中で稼ぎ手役割を担う男性は、職場を居場所とする一方で家庭から疎外されがちであり(伊藤 1993など)、女性は家庭でケア役割を担うことが多い(Kittay 1999=2010など)。現代日本における実際の子育てや仕事の時間数をみても、性別による差は大きい(総務省統計局 2017)。また日本の「地域領域(幼稚園・保育園など)」では、幼稚園教諭や保育士、そ

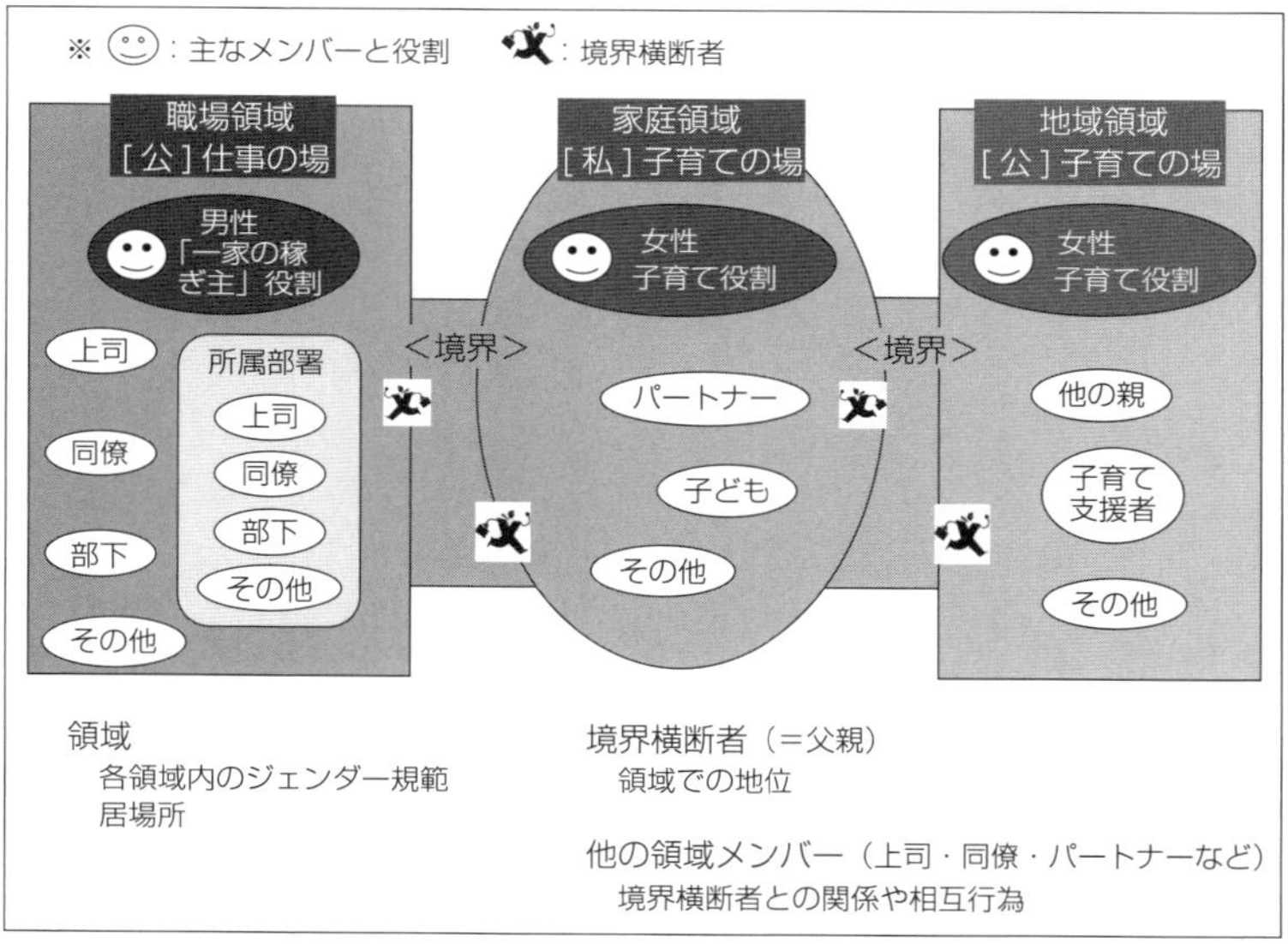

図 3-1　「公私領域と性別役割分業の相互作用モデル」概念図

れを利用する保護者についても、女性が圧倒的に多い。このような現代日本のジェンダー規範や状況にもとづき、各領域において期待される役割と主要なメンバーは、仕事の場である職場領域では「一家の稼ぎ主」役割で男性、子育ての場である家庭／地域領域では子育て役割で女性と仮定する。[2] その上で、領域間を行き来する境界横断者と各領域のメンバーとの関わりを分析する。

これにより個人の意識や行為に加えて、各領域のメンバーとの相互行為や関係についての総合的な考察が可能となる。さらに「各領域におけるジェンダー規範」と「境界横断者が実践する性別役割分業」の相互作用も考察することができる。本書では「境界横断者＝父親」として分析するが、本モデルの視点は、父親の意識や行為を「個人が選択した結果」とみる、これまでの父親研究の視点とは大きく異なる。

本モデルのもう1つの特徴は、境界横断者の居場所の有無に注目する点である。ここで居場所に注目するのは、人が規範から外れた考えや行動をとる時、各領域のメンバーの期待や承認とすりあわせる際の妥協点を、その領域に自分の居場所があるかどうかで判断していると考えるからである。

日本語で「居場所」は日常語であるが、研究としては主に臨床心理学分野で発展しており、その概念は統一されていない。居場所は子どもの不登校が社会問題化した後から心理的な意味で使われはじめ、その後、心理学においては居場所を「他者とのつながりという関係性」ととらえ、その関係性から生まれる社会的位置づけも含むものがみられる（石本 2009）。研究対象が青年や高齢者、母親などにも広がる中で、父親の居場所感は安心感・役割感・受容感の3因子から構成されることが明らかになっている（中西 2000）。そこで本書では「居場所」を「他者と経験や役割、気持ちを理解し合うことなどによって、安心してそこに居ることができる関係性や場」と定義し、本章（第3章）および第4章で父親と各領域のメンバーとの相互行為や関係を考察する際に、重要な視点として採用する。

たとえば〈「一家の稼ぎ主」という男らしさ〉が強い職場の場合、父親がかつての会社人間のように長時間労働をすれば、職場の期待と父親の働き方が合致して父親はそこに居ることが承認され、職場領域に居場所を得ることができる。一方で、同じ職場で母親と同様に子育てをしようとする父親は、子育てのために仕事時間が短くなり、職場の期待と合致しないために居づらくなる。しかし、この場合も、父親自身が上司や同僚などの職場領域のメンバーと交渉する、政策等の影響から職場でワーク・ライフ・バランスが重視されるようになるなどによって、父親が子育てのために仕事時間や場所を調整することが承認され、「子育てしている父親」として居場所を得られる可能性はある。逆に、父親が職場領域のメンバーと交渉した結果、仕事時間や場所を調整できなかったとしても、メンバーに「子育てしている父親」としての経験や気持ちを何らかの形で理解してもらえれば、父親はある程度の承認を得たと感じることができ、職場領域に居場所を得ることができるだろう。

　このように「居場所」とは、各領域で個人が一方的に承認されるのではなく、「その人自身が承認して欲しいと思っている経験や役割、気持ちを他者から承認されること」が重要である。つまり「居場所」とは「個人の希望と領域のメンバーの承認が重なることによって築くことができる関係や場」であり、個人と領域のメンバー双方にとって良好な関係を築くことが重要である。この概念の採用によって、「父親の子育て」を父親個人の選択の結果としてだけではなく、父親個人と各領域のメンバーとの相互作用の結果として説明することが可能となる。

　では、現代日本における「父親の子育て」には、具体的にどのようなジェンダー規範がみられるのだろうか。また、それらを乗り越える／乗り越えようとする父親の実践によって、各領域におけるジェンダー規範や、父親の〈ケアとしての子育て〉の実践可能性はどのように変わっていく／変わっていかないのだろうか。

2. イクメン宣言をする父親たち
――調査方法と分析対象者の特徴

（1）使用データと分析方法

本章では、厚生労働省のイクメンプロジェクトのホームページ（以下、「ＨＰ」、厚生労働省 2013）に掲載されている「育休・育児体験談」の言説分析を行う。ＨＰでは、イクメンプロジェクトの趣旨やプロジェクトメンバーの紹介、シンポジウムやイベントの告知だけでなく、「子育てする父親」のロールモデル、すなわちイクメンの紹介もしている。「育休・育児体験談」は、父親自身がＨＰにイクメン宣言登録をする際に任意で投稿するものであり、ＨＰではその中から「特に熱い体験談を投稿してくれたイクメンを、『イクメンの星』として」（厚生労働省 2013）選定し、イクメンプロジェクト公認のロールモデルとして紹介している。すなわち、本章で分析する「育休・育児体験談」は、厚生労働省が公認するイクメンの登竜門であるといえよう。

この「育休・育児体験談」は、基本的に子育て中の父親からの投稿に限られ、記事から父親の子育ての現状をみることができる。ただし、自由記述方式で８００字以内とされ、人によって記入内容や字数が異なる。そのため、１人の父親の子育てに関する意識や行為を「公私領域と性別役割分業の相互作用モデル」で設定した職場／家庭／地域領域全体については把握しきれないという限界はある。

他方、このデータは厚生労働省が委託運営するＨＰに掲載されているものであることから、イクメンプロジェクトという政策主旨に賛同している父親からの投稿に限られ、このHPにみられる父親像を分析・考察することによって、イクメンプロジェクトが勧めるイクメン像が浮かび上がってくることが期待できる。

本書では「夫婦で子育てしている父親」に注目しているため、2010年6月[3]～2013年7月に投稿された体験談519件のうち、配偶者の存在が確認でき、データ重複や育児体験の記載がないものを除く373件について分析する。分析視点としては「公私領域と性別役割分業の相互作用モデル」をふまえた上で、①各領域における父親の居場所の有無、②父親の子育てや仕事に男らしさがみられるか、③父親が仕事と子育てを各領域のメンバーとどのように調整しているか、④公領域である職場領域と地域領域の相違点、に注目して考察する。

分析方法としては各記事に居場所に関する文章があれば領域別に抜き出し、前述の分析視点にもとづいて行った。ここでの「居場所に関する文章」とは、父親が各領域のメンバーと経験や役割、気持ちを理解し合うことなどによって、お互いに良好な関係をもつことができ、安心してその領域に居られるかどうかを示す文章を指す。

たとえば職場領域において、「周りの上司やメンバーにも相談し、かなり前向きに［育休を］取得させていただけた」〈40〉[4]（［　］内は筆者の補足、以下同）場合は、職場領域のメンバーに、自分が育休を取得して親役割を果たしたいという気持ちを理解してもらい、父親が安心して職場にいられる関係性が維持できていると理解できる。このような文章の場合は「居場所がある」と判断した。逆に同じく育休を取得したケースでも、「上司から『迷惑だ』と言われながらも3週間の育児休暇を取得」〈53〉

した場合については、父親の親役割を果たしたいという気持ちを理解しない上司に育休取得を「迷惑だ」といわれることによって、父親は上司との間に良好な関係性を保てず、職場での居心地が悪くなる。このような文章の場合は「居場所がない」と判断した。またほかにも後述するように、「最初は居場所がなかったが、つくる」という場合もみられた。

(2) 分析対象者の特徴

分析対象者の年齢は20~50歳代で平均30・1歳代、子ども数は平均1・6人で、多くは現在、未就学児の子育て真っ最中である。

本章では、記事を父親の子育てへの積極性別に分類するが、父親の育休取得率が政策課題における重要な指標であることから、育休取得を分類基準とする。本章の分析対象者の育休取得期間は3日間~2年間と幅が広く、休暇が短期間の場合は、正式に育休制度を利用せずに有給休暇(以下、「有休」)等で対応するケースも多くみられる。本章では、妻の出産や子育てを理由に有休等で休んだケースや、転職や退職という形で子育てに専念する期間をとったものも、子育てのために仕事を中断したケースと判断し、正式に育休を取得したケースと同様に「育休取得」として扱うこととする。そのほかに、育休取得はしていないが、仕事を調整するなどして日頃から積極的に子育てに関わるものを「積極的」、仕事に支障のない範囲でできるだけ関わるものを「できる範囲で」として分類する。

上記の規準にしたがって分類すると、分析データは「育休取得」が142件、「積極的」が146件、「できる範囲で」が85件である。前述のとおり、この体験談はイクメン宣言の際に投稿するもの

表 3-1　領域および子育てへの積極性別　居場所についての記事件数

子育てへの積極性	領域						合計	
	家庭		職場		地域			
	件数	比率	件数	比率	件数	比率	件数	比率
育休取得	88	52.7%	52	31.1%	27	16.2%	167	100.0%
積極的	89	74.8%	12	10.1%	18	15.1%	119	100.0%
できる範囲で	44	93.6%	0	0.0%	3	6.4%	47	100.0%

であるため、子育てに積極的な「育休取得」と「積極的」の件数が多くなっていると考えられる。

居場所についての記事を領域および子育てへの積極性別にしたものを、表３－１に示す。まず、合計件数をみていくと、「育休取得」が最も多く１６７件、次いで「積極的」１１９件、「できる範囲で」47件となっている[5]。領域別にみると、子育てへの積極性にかかわらず、家庭領域の居場所についての記事が最も多い。職場領域は「育休取得」が52件（31・1％）、「積極的」が12件（10・1％）、「できる範囲で」が0件（0・0％）であり、地域領域は「育休取得」と「積極的」が同程度の割合、それに対して「できる範囲で」は半分以下となっている。

次に、父親の子育てへの積極性と子育て役割の内容の関連についてみておく。表３－２は、父親の子育て役割の内容を分類し、子育てへの積極性別に示した記事件数である。

子育て全般に「主体的・積極的」に関わっている父親が占める割合は、子育てへの積極性が高いほど高い。その内容をみると、「離乳食を作ったり、オムツ替え、ねかしつけ、お着替え、散歩、そして、掃除、洗濯」〈19〉、「家事全般、おっぱい以外の育児を担当しました」〈107〉などのケア役割を担っていることがわかり、父親が〈ケアとしての子育て〉を実践し

表 3-2　子育てへの積極性別　父親の子育て役割の記事件数

子育てへの積極性	父親の子育て役割								合　計	
	家事および子育て全般				遊び中心		その他（役割不明も含む）			
	主体的・積極的		妻の手助け程度							
	件数	比率	件数	比率	件数	比率	件数	比率	件数	比率
育休取得	102	71.8％	13	9.2％	3	2.1％	24	16.9％	142	100.0％
積極的	71	48.6％	54	37.0％	12	8.2％	9	6.2％	146	100.0％
できる範囲で	0	0.0％	51	60.0％	23	27.1％	11	12.9％	85	100.0％

ている可能性は高い。

逆に、ケア役割はするものの子育てを自分の役割・責任とせず、あくまでも「妻の手助け程度」に関わっている父親は、子育てへの積極性が低くなるにつれてその割合は高くなり[6]、ケア役割をしない子どもとの「遊び中心」の父親も同様の傾向を示している。

中には「イクメンとはいえども、やはり子育ての主役はママ。悲しい哉、赤ちゃんが泣き止む最終兵器『おっぱい』を備えているママには勝てません」〈359〉とする父親もいるが、全般的には子育ての積極性に関わらず、「自分では、男女の違いは子供を産むときだけと思い、それ以外は、50：50でできると確信しています」〈11〉（傍点筆者、以下同）、「子どもを産むことだけと母乳をあげることだけは自分には出来ない。でもあとはすべて男性にもできるはずだ。そう思いました」〈122〉という父親が多く、前章の育児雑誌にみられた、男性は本質的に母親ほど上手に子育てができないとする《子育てが苦手な男》のような父親像は、本章のデータにはみられない[7]。どちらかというと、「男性は女性とは異なり、お腹に命を宿すわけではないので、自らが積極的に関わらなければいけないものと考えています」〈72〉というように、女性だけが身体的に妊娠・出産可能であるという現実を受け止めながら、それを逆に父親が子育てに積極的に関わる理由としている。したがって、本章でとりあげる父親たちは、第2章の育児雑誌上にみられた《子育てが苦手な男》とは違う方向性を目指しているといえるだろう。

これらの傾向をふまえて、次節以降では領域別に記事の内容をみていく。

3. 家庭／職場／地域領域における「父親の子育て」
――子育てへの積極性と居場所との関連

(1) 家庭領域における「父親の子育て」

家庭領域での居場所についての記事件数の割合は、父親の子育てへの積極性の違いにかかわらず、ほかの2領域に比べて高い（表3－1）。記事の内容は全て、父親が子育てをすることによって家庭領域に「居場所ができる」というものになっており、子育てによって「居場所がなくなる、居づらくなる」というものはなかった。その内容は主に、①家族と一緒の時間、②子育ての楽しさ・辛さ、③家族との絆、に分けることができる。

①家族と一緒の時間は、子どもや妻と一緒に過ごす時間を大切にすることが、子育ての楽しさ・幸せや家族との絆につながっていくというものである。たとえば、休日は家庭の時間にすることを心がけているという父親は、「できるだけ娘の要望にそって一緒にいる時間をとるように心がけています」〈330〉という。そのおかげで、娘が「すごくなついて、夜は必ず手をつないで」〈330〉寝るよう

になり、「自分は幸せだと思えるようになった」〈330〉と、子どもと一緒にいる時間が親子の絆を深め、それが自分の幸せにつながったと語る。

ほかにも、妻と一緒の時間をもつことで夫婦の絆が深まったというものがみられる。たとえば、出産予定日に合わせて2週間の休暇を取得した父親は、「出産までのつらい5日間を寄り添って一緒に過ごせたこと、立会い出産での感動、生まれてからの幸せな時間、とかけがえのない体験をすることができました」〈104〉と語る。

これらの例からは、家族とともに過ごす時間の中で妻子と経験や体験を共有することによって、お互いに良好な関係を築くことができ、父親が家庭領域に居場所を得る様子がうかがえる。子育てへの積極性の違いに関わらず、どの父親も家庭領域に居場所を得られていることから、たとえ短くても家族と一緒の時間をつくることによって、居場所を得ているということができるだろう。

次に②子育ての楽しさ・辛さは、家庭で父親が子育ての楽しさ・幸せや辛さを感じ、それを共有することによって、妻子と良好な関係になるというものである。たとえば、妻の妊娠をきっかけに転職した父親は、「保育園へのお迎えは、僕の役目」「オムツ換え、離乳食づくり、お風呂、寝かしつけ」〈ともに278〉など子育て全般に関わることによって「仕事で味わう達成感とは違う、幸せに満ちた幸福感」〈278〉が得られるといい、子どもの成長を間近にみられることが「育児にタッチしていなかったら、絶対味わえない喜び」〈278〉だと語る。そして、「娘の幸せが、自分の幸せ。そんなふうに自然と思えるようになりました」〈278〉と、父親の子育ての喜びや幸せが、子どもとの良好な関係につながっていくことを示している。

ほかに、子育ての辛さを妻と共有することも大切、という例もみられる。育休を1ヶ月半取得した父親は、自分が主体となって家事や子育てをする中で、「今までよりも自分の家の中でできることが増えて楽しいいし、なによりも娘が成長する姿を目の当たりにできることがうれしいいです」〈15〉という。そして、「同時に、やっぱり毎日［子どもと］ずっといっしょにいるとイライラしちゃうという気持ちもわかってきました。妻とこういうところを共有できるのも育休の大きなメリットだと思います」〈15〉と語る。

これらの中には《父親の子育て役割の獲得》がみられる。上記の例にも「保育園へのお迎えは、僕の役目」「自分の家の中でできることが増えて楽しい」とあるように、父親は自分の子育て役割を獲得することによって、子育ての楽しさや辛さを感じることができている。そして、それを妻子と共有することによって、お互いに良好な関係を築くことができ、家庭領域における父親の居場所獲得につながっていくと考えられる。この経験は、「家事・育児は24時間対応であることを実感しました」〈81〉、「家事育児を誰かがしないと子供って育たないよね？」〈83〉のように、〈ケアとしての子育て〉の重要性・必要性を父親が実感することにつながっていく。

最後に③家族との絆は、父親が子育てをすることによって家族の絆ができる・強まるというものである。たとえば、3ヶ月間の育休を取得した父親は、「仕事に比べれば楽なものだろうと高を括って」〈78〉いた子育てに、体力的にも精神的にも煮詰まったが、先に復職した妻からのメールや言葉掛けなどのフォローによって、順調に育児ができるようになった。この経験を父親は、「育児の苦労・悩みを夫婦間でシェアし助け合うことによって夫婦・家族の絆を深めることができた」「育児って子供を育てるだけでなく、家族の絆を育てるんだなと実感」（ともに78）したと振り返る。絆という言葉以外にも、「こどもとの距離が近くなる」〈332〉や「息子とは育児休業を取得した事で関係がより深まった」〈10〉という表現もみられる。

ほかに、妻が助産師だという父親は、妻から「父親なら『手伝い』じゃ困るのよ。仕事も育児もお互い自立して、責任もってやってもらわなきゃ困るのよ」〈259〉といわれたことを契機に、「育児はもちろん、料理だって、掃除だってするように」〈259〉なり、「『手伝い』ではなく、夫婦がお互いがメインでできるようになれることによって、家族の絆も強まったように思います」〈259〉と語る。ここでも《父親の子育て役割の獲得》がみられるが、その内容は妻の期待に応える形となっている。したがってこの例では、妻が家庭領域のゲートキーパーとして、父親の子育てへの関与のしかたを調整しているといえるだろう（中川 2010）。同様の例は、妊娠中の妻の不安を軽減するためや、妻の仕事をつづけたいという希望に沿って育休を取得する例にもみられる。つまり、妻からの期待に応じた子育て役割を獲得することによって、父親が家庭領域内に自分の居場所を得て、それが家族の絆を強めることにつながると考えられる。

このように家庭領域においては、父親は何らかの子育てに関わることによって居場所を得ることができる。そして、父親が実践する子育て役割の内容には、家庭領域のゲートキーパーである妻からの期待が影響していることが示唆される。

(2) 職場領域における「父親の子育て」

職場領域についての記事件数は、「育休取得」が52件（31・1%）、「積極的」が12件（10・1%）、「できる範囲で」が0件（0・0%）と、子育てへの積極性が高いほど比率も高い（表3－1）。「育休取得」の比率が高いのは、育休取得時には必ず職場と交渉する必要があるからだと考えられる。また、「できる範囲で」の記事がないのは、父親が子どもの生まれた後も職場領域で期待される稼ぎ手役割を優先するため、領域内の居場所に特に変化がないからだろう。なお記事内容から、父親の職業は、自営業が1件、派遣社員が1件のほかは、正規社員として企業に雇用されていると推察される[8]。

職場領域についての記事は、上司や同僚など、職場のメンバーからの反応が書かれているものが多い。職場のメンバーが「父親の子育て」に理解を示せば、良好な関係を保つことができるため、父親は子育てに関わる前と同様に職場領域に居場所を保持できる。たとえば、子どもが出産予定日より早く産まれた父親は、「1ヶ月も早く育児休暇に入ることになり、会社のメンバーにも大きな迷惑をかけることになってしまいました。でも、周りの人たちは快く育児休暇取得を認めてくれました」〈43〉と語る。この父親は、職場領域のメンバーから「育休を取得する父親」として承認されることによって、メンバーとの良好な関係が維持でき、職場領域に居場所を保持できたといえる。

なお、理解を示すのは、父親と同じ部署のメンバーでなくてもよい。会社の中で男性では初めての育休をとった父親が、「これまでまったく話したことも無い女性社員から、エレベーターや廊下ですれ違いざまに、肩をポンと叩かれ、『頑張ってね!』『勇気あるね』と声をかけられる」〈56〉ように、職場のどこかに「心から応援してくれる人」がいれば、父親の子育てしたいという気持ちを広い意味で職場のメンバーが理解してくれることになり、完全に職場領域内に居場所を失うことはないだろう。むしろ、父親は子育てに関わることによって、それまでとは違うメンバーと関係を築くことになるので、職場領域の居場所を広げることにつながる可能性もある。

しかし、職場のメンバーが誰も理解を示さない場合には、父親は職場領域での居場所を失う。たとえば、これから育休を取得するという父親は、「父親の育児休暇取得に対する世間の風当たりや、職場への負担、家計の問題、父親としての金銭面での自覚（父親は外でストレスに耐え、お金を稼いでくることが本当の男の役割である）等、私には皆様の正当な反対意見が大きな障害のようにのしかかりました」〈49〉と、ジェンダー規範としての〈「一家の稼ぎ主」という男らしさ〉を乗り越える難しさを示す。この父親は結果的に育休取得を決意したが、まだ「決心が揺らぐ時や、自分の決断が間違っていたかも、と不安」〈49〉な時もあるという。

ここには、父親の「『一家の稼ぎ主』役割」と「親としての子育て役割」との葛藤がみられるが、これは、〈「一家の稼ぎ主」という男らしさ〉と〈ケアとしての子育て〉との間のジレンマにつながる。前述の例でも、父親の育休取得に対する「お金を稼いでくることが本当の男の役割である」という世間からの「正当な反対意見」は、父親が「親としての子育て役割」を優先することによって「『一家の稼ぎ主』役割」を果たせなくなることへの非難であると考えられる。つまり、職場領域のメンバーが〈「一家の稼ぎ主」という男らしさ〉を重視する場合は、父親は子育て役割を優先することによって、職場領域の居場所を失う危険性が高まる。実際に記事の中には、育休を取得する際に「上司から『迷惑だ』」〈53〉といわれた例や、ひどいものでは「育休が終わる頃には戻る部署が無くなって」〈22〉

表 3-3　子育てへの積極性別 職場領域の居場所についての記事件数

子育てへの積極性	①ある		②ない		③ある・ない		④つくる		合計	
	件数	比率	件数	比率	件数	比率	件数	比率	件数	比率
育休取得	22	42.3％	10	19.2％	4	7.7％	16	30.8％	52	100.0％
積極的	8	66.7％	0	0.0％	0	0.0％	4	33.3％	12	100.0％

注：表 3-1のとおり、「できる範囲で」の記事件数は 0 件であるため省いた。

しまった例もみられる。(9) では、職場領域の居場所についての記事には、どのような種類のものがあるのだろうか。

職場領域の居場所についての記事件数を、子育てへの積極性別に表3－3に示す。職場領域における居場所についての記事は、①ある場合、②ない場合、③ある場合とない場合のどちらもみられる場合（以下、「③ある・ないどちらもの場合」）、④新たにつくる場合（以下、「④つくる場合」）、の4つに分類することができる。このうち「③ある・ないどちらもの場合」とは、「職場の方は、女性（ママ）が多かったので理解というよりも応援してくれて」〈9〉同僚との間には良好な関係を築くことができており、そこでは居場所があったといえるが、一方で「上司は『育児なんて女の仕事だ』という人だったので、険悪な関係になってしまい」〈9〉居場所がなかったというように、職場の相手や場などによって、同じ父親に居場所がある／ない場合がどちらもみられるケースを指している。また「④つくる場合」は、後述するように、子育てする父親の前例がなかった職場であっても、父親自身の働きかけや職場の理解が進むなどして、新たに父親の居場所ができる場合を指す。

「育休取得」をみると「①ある場合」が一番多く、次いで「④つくる場合」、「②ない場合」、「③ある・ない場合」とつづく。一方「積極的」も「①ある場合」が一番多く、それに「④つくる場合」がつづき、「②ない場合」と「③

ある・ない場合」は0件である。「積極的」に「居場所がない場合」がみられないのは、「積極的」な父親は「育休取得」のように長期に休むことなく働きつづけるので、職場での理解を得られやすいからだと考えられる。また逆に、「育休取得」では「②ない場合」が2割弱みられるのは、育休取得などで父親が子育てを主体的に担うときに、職場での理解を得るためには、まだかなりの努力が必要であるからではないだろうか。そして「④つくる場合」は、「育休取得」「積極的」どちらにも3割強みられる。特に「育休取得」において「②ない場合」より「④つくる場合」の方が多いのは、当初は父親の子育てへの理解がない職場であっても、父親自身の努力や周りのサポート次第で、理解が進む可能性があるということを示唆している。

以下では、父親の居場所の変化がみられる「④つくる場合」に限定して、データを詳細にみていく。「④つくる場合」には、⑴ロールモデルとして会社が支援する場合（以下、「⑴会社が支援する場合」）、⑵自らがロールモデルになろうとする場合（以下、「⑵自ら前例になる場合」）、⑶上司や会社と交渉して育休や短時間勤務にこぎつける場合（以下、「⑶会社と交渉する場合」）に分けられる。

⑴会社が支援する場合は、「社内で初めて男性として育児休暇を頂きました。初めてということによって、これからの会社のモデルケースにしたいということによって、色々と支えてもらっています」〈62〉と初めから支援する職場がある一方で、父親の育休は前例がないと認められなかった職場でも、父親自身が子育てへの関わりをアピールしていくことによって、「少しずつ浸透していき、イクフェス 2010に社長から参加してきなさいと言われるぐらいイクメンとして会社でも認められ

てきてます！」〈68〉と、職場を父親の子育てを支援する方向に変えていった例もみられる。

(2)自ら前例になる場合として、6日間の育休を取った父親は「盆休み有給《ママ》で対処できる日数ですが、今回、あえて育児休暇の申請をしてました」「あえて育児休暇を取る事で、会社にも家族にもそして自分にも、（育児は母親だけではなく、会社や家族みんなで、そして社会全体で取り組んで育んで行きたい）そんな気持ちを自分自身が再認識するとともに、会社にもこれからの新しい形の育児をアピールして理解してほしかった」〈ともに59〉という。

最後に、(3)会社と交渉する場合として、大企業で初めて長期の育休を取った父親は、「リーダーという立場にあり、取得に対して非常に悩みましたが、[中略]男の育児休暇が当たり前になっているのを待つ訳にも行き《ママ》ませんので、後悔のないように取得を申し出」〈69〉ている。そして、育休後に短時間勤務を併せて希望したため、周りの人たちの理解は大変重要だと考えて、「先輩方に順番に説明して、理解を得てから、最終的に上司に申し出」、「一度は上司により拒否されたものの直接人事に掛け合うことによってなんとか取得にこぎつけ」〈ともに69〉たという。またほかに、育児休業給付金の支給条件等で会社の持ち出しがないよう自分の勤務日を調整して会社側を説得し、「職場の同僚、部下の協力もあり、業務に支障なく、休暇できました」〈62〉という例もみられる。これらの例からは、父親が子育てに関わるために、父親自身が職場領域のメンバーに様々な形で働きかけ、自分が希望する子育て役割にできるだけ近い形で承認を得ることによって、お互いに良好な関係を維持し、職場領域内に自分の居場所を保持する過程がわかる。

したがって職場領域においては、父親は領域のメンバーに自分の子育て役割を理解してもらうことによってメンバーとお互いに良好な関係を築くことができ、居場所を保持することができる。しかし父親の子育てへの積極性が低い方が職場のメンバーに理解されやすい傾向は、父親に〈ケアとしての子育て〉よりも〈「一家の稼ぎ主」という男らしさ〉を重視する方向に向かわせる可能性もある。

(3) 地域領域における「父親の子育て」

地域領域についての記事件数は、「育休取得」が27件（16・2%）、「積極的」が18件（15・1%）、「できる範囲で」が3件（6・4%）である（表3-1）。「育休取得」や「積極的」の記事件数の割合が「できる範囲で」より多いのは、父親が子育てに積極的に関わることによって、子どもの通う保育園・幼稚園、学校をはじめとする地域社会と関わる機会が増えるためだと考えられる。

地域領域については、「子育てをする父親」として地域社会に受け入れられるかどうかについて書かれているものが多い。それらは、①母親たちの中に受け入れられる場合（以下、「①母親の中の場合」）、②父親の集まりの一員となる場合（以下、「②父親の中の場合」）に分けられる。

①母親の中の場合では、父親が性別に関係なく母親たちと同じ親として交流し、「週に1回は子育てサポートプラザに行き、［中略］私［=父親］はお母さんたちと情報交換を」〈19〉することによって母親たちに親仲間と認めてもらい、母親たちのインフォーマルな育児ネットワークの中に自分の居場所を得ている。しかし、「パパ友がブログの中でしかいないのが寂しいです……」〈19〉と、そのネットワークの中に同性の仲間がいないことを嘆く例もみられる。これは、父親が男性であるがゆえに、母親という異性の中に、同じ親として溶け込みきれない現実をあらわしているといえよう。この現実

は、父親が地域領域で〈ケアとしての子育て〉を実践しようとする場合に「子育て＝母親」規範に阻まれるということであり、第1章で示した〈ケアとしての子育て〉と「子育て＝母親」規範との間のジレンマにつながる。

②父親の中の場合としてみられたのは、「パパの会」や「おやじの会」などを立ち上げて、「父親の頑張る姿『おやじの背中』」〈146〉を子どもたちにみせていくというものである。このような活動の中で、父親は積極的に子育てに関わるという価値観や経験を共有できる同性同士の人間関係をつくることによって、自分の居場所を確保している。また、『おやじの背中』を子ども達にみせてやりたい」〈146〉という語りからは、母親とは異なる父親の男らしさを示したいという、〈本質的な男らしさ〉へのこだわりも垣間みえる。そのため、ここにおける「父親の子育て」は、〈母親との差異化〉によって〈男らしい子育て〉となる可能性が示唆される。

逆に居場所がない場合には、どのようなものがあるだろうか。地域領域に居場所がない例としては、①物理的に父親の居る場がない場合と、②母親ばかりで父親が居づらい場合がある。

①物理的に父親の居る場がない場合には、母親なら当然用意されている子育て用の場が、男性ゆえに父親にはないため、地域で子育てがしにくいということがある。たとえば看護師の父親は、育休中の外出先で「男性トイレにオムツ換えシートはなく、お店の人に相談すると女性トイレを貸していただくような状況に肩身の狭い思いをすることも多く外出することがおっくうになって」〈11〉いったといい、「父親の子育て」が想定されていない状況から、地域に居づらさを感じている。

②母親ばかりで父親が居づらい場合としては、特に平日の昼間に行われる乳幼児健診や予防接種、

表 3-4　子育てへの積極性別　地域領域の居場所についての記事件数

子育てへの積極性	①ある		②ない		③ある·ない		④つくる		⑤その他		合　計	
	件数	比率	件数	比率	件数	比率	件数	比率	件数	比率	件数	比率
育休取得	6	22.2%	12	44.5%	2	7.4%	6	22.2%	1	3.7%	27	100.0%
積極的	8	44.4%	5	27.8%	1	5.6%	2	11.1%	2	11.1%	18	100.0%
できる範囲で	1	33.3%	2	66.7%	0	0.0%	0	0.0%	0	0.0%	3	100.0%

親子の集まりなどで、多数派の母親に父親が受け入れられていないと感じる場合があげられる。たとえば、「検診《ママ》などに行ったとき、おかあさんばかりでちょっと居場所に困ったりする」〈14〉や、「小学校の保護者会は女性ばかりで凹みますが、負けじと参加してます」〈18〉など、そういう場では男性が少数派であるために居場所がなく、孤独を感じていることがわかる。

　次に、子育てへの積極性別に、地域領域の居場所についての記事件数を表3－4に示す。「できる範囲で」の記事件数が少ないのは、仕事を優先するなどで地域社会との接点が少ないからだと考えられる。分析対象記事は前節と同様に、父親の居場所について、①ある場合、②ない場合、③ある・ないどちらもの場合、④つくる場合、⑤その他の5つに分類することができる。ここでは、上記①～④についてみていく[10]。

　「育休取得」では「②ない場合」が一番高く、次いで「①ある場合」と「④つくる場合」、「③ある・ない場合」とつづく。「積極的」では「①ある場合」が一番高く、「②ない場合」、「④つくる場合」、「③ある・ない場合」の順となっている。「できる範囲で」は「②ない場合」の次に「①ある場合」がつづき、「③ある・ない場合」と「④つくる場合」の記事はない。「育休取得」では「②ない場合」が一番高く、逆に「積極的」では「①ある場合」が一番高いのは、「積極的」の方が「育休取得」ほど子育てに専念しないので地域社会と適度な距離を保つことができ、かえって地域領域の中に居場所がつくりやすいのではないだろうか。

以下では職場領域と同様に、父親の居場所の変化がみられる「④つくる場合」に限定してデータを詳細にみていく。父親は居場所を得るために、地域領域のメンバーに様々に働きかけている。その記事の内容は、前述の居場所がある場合の様に、(1)母親の中の場合、(2)父親の中の場合、そして(3)男女に関わらない場合、の3つに分けられる。

(1)母親の中の場合としては、次のような例がみられる。子どもが幼稚園に入る前の一年間、仕事を休んで子育てに専念した父親は、仕事に復帰した後も積極的に幼稚園に関わり、「園ではママさん達が中心となり、園のサポート活動をしてましたが、そこへ、例外としてパパとして幼稚園イベントに協力」「男性としては唯一、私だけそのサポート活動への参加を認めて」〈ともに25〉もらったという。この父親は単に参加するだけでなく、自分も親として母親同様に認められるよう周りに働きかけることによって、幼稚園という場に居場所を得ている。しかし、あくまでも「例外として」である。このことから、母親が多数派である地域領域に、少数派の父親が居場所をつくる難しさがわかる。

(2)父親の中の場合としては、「イクメン仲間ができ、『子どもとギネス世界記録に挑戦するイベント』を開催できました」〈157〉、「沢山のパパ友をつくることができた」〈126〉という例がみられる。

(3)男女に関わらない場合として、育休後に戻る部署がなくなり専業主夫になった父親は、当事者として父親支援に関わる一方で、「僕の子育ての力になってくれた多くのママ友、地域の人たち、行政の人たち」〈22〉といった、子育てを通じて関係を築いた人との交流を男女に関わりなく大切にすることによって、その人たちとお互いに良好な関係を築くことができ、自分の居場所を得ている。

このように地域領域においては、父親は領域のメンバーに様々な働きかけを行うことによって居場所を得ることができるが、父親は、地域とある程度の距離を保つ方が居場所を得やすい傾向も示唆される。そしてそのときに、父親が自身の男らしさにこだわるかどうかによって、どのような場やメンバーの中に居場所を得ようとするかが変わる。一方で、母親ばかりの中に居場所を得た場合は、父親は少数派となるために寂しさを感じるなどして、地域領域に居づらくなる可能性がある。

4. 父親の〈ケアとしての子育て〉実践の可能性

本節では、前節で領域別に分析した結果を総合的にみることによって、父親の〈ケアとしての子育て〉実践の可能性について考察する。

(1) 父親の子育てへの積極性と各領域における居場所の得やすさ

本章の分析結果から、職場領域を居場所とする父親が子育てをすることによって、家庭領域や地域領域にも居場所を得られることが確認できた。それでは、父親の子育てへの積極性と各領域における居場所の得やすさは、どのように関連しているのだろうか。「公私領域と性別役割分業の相互作用モデル」で設定した各領域の特徴[11]と、本章の分析結果にみられた、父親の子育てへの積極性と各領域に

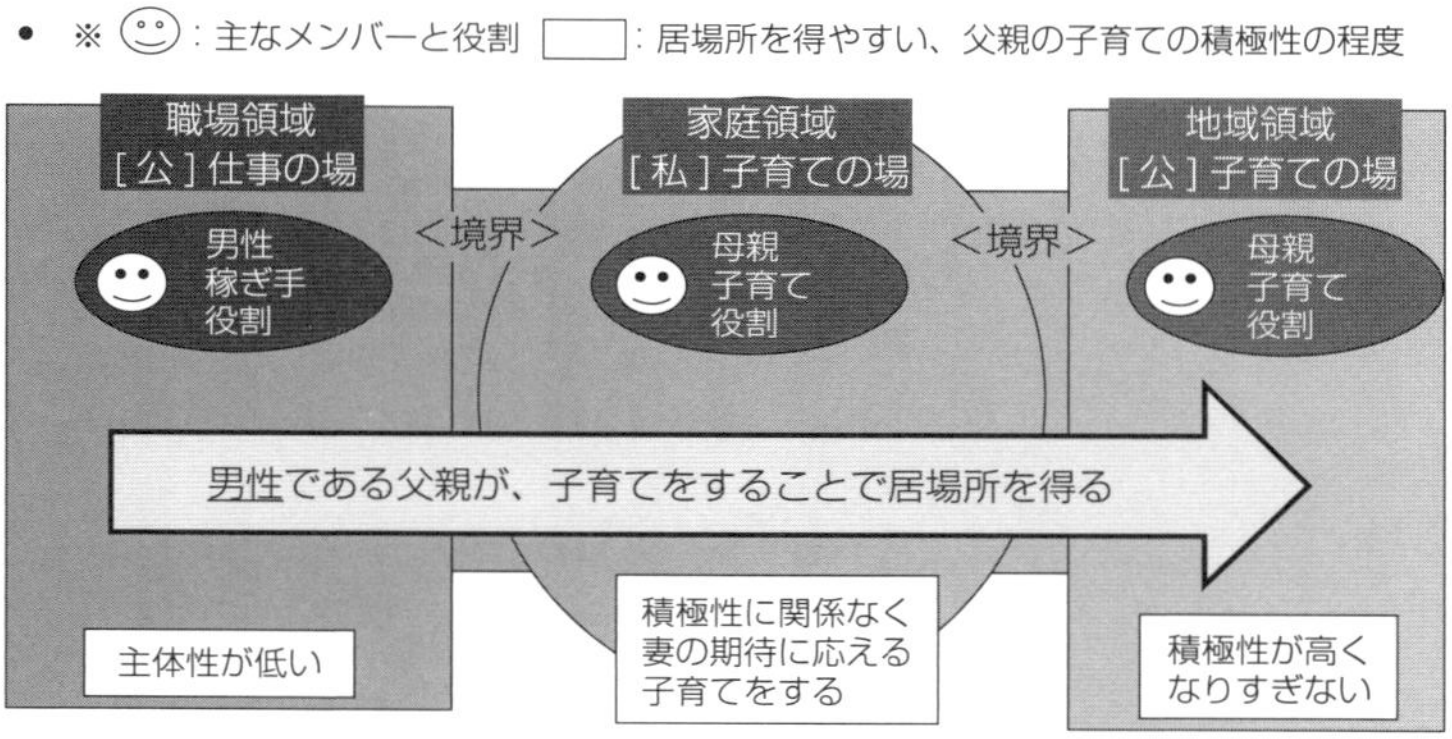

図 3-2　父親の子育てへの積極性による居場所の得やすさの違い

おける居場所の得やすさをまとめた結果を図3－2に示す。これをみると、父親が積極的に子育てをすることが、そのまま各領域における居場所の得やすさにつながるとは限らないことがわかる。

家庭領域においては、父親自身の子育てへの積極性よりも、妻が期待する子育て役割の内容によって父親の居場所の得やすさが変わることが示唆される。つまり父親が子育てに関わる程度は、家庭領域のゲートキーパーである妻が調整している可能性がある（中川 2010）。本章のデータにはみられなかったが、もし、「子育て＝母親」規範が強い母親が子育て役割を自分で抱え込み、父親に手伝い程度しか期待しない場合には、父親が〈ケアとしての子育て〉をすることが難しくなるだろう[12]。これは、第1章でみた〈ケアとしての子育て〉と「子育て＝母親」規範との間のジレンマにつながる。

次に、職場や地域という公領域では、父親の子育てが主体的になることによって、逆に父親が居場所を得にくくなる可能性がある。職場領域では、父親は子育てに関わるほど「一家の稼ぎ主」役割を果たせなくなり、職場領域のメンバーに認められなくなる可能性が高くなる。そのため、日本企業のように職場におけるメンバーシップを重視しながら働く必要がある場合は、父親が居場所を保持しながら、子育てを主体的に行うことが難しい。この居場所を失う・得られない危険性は、主体的に子育てに関わろうとする父親を「一家の稼ぎ主」役割に引き戻す力になりうる。つまり、父親自身が〈「一家の稼ぎ主」という男らしさ〉にこだわらなくても、その職場で働きつづけるためには、職場領域における〈「一家の稼ぎ主」という男らしさ〉に従わざるを得ない。このように、父親が子育てに関わろうとすればするほど、父親が「一家の稼ぎ主」役割だけをしていたときにはみえなかったジェンダー規範として、〈「一家の稼ぎ主」という男らしさ〉が明らかとなる。実際に本章のデータにおいても、育休取得のためにパタニティ・ハラスメントを受ける例が少なからずみられた。つまり、職場領域における〈「一家の稼ぎ主」という男らしさ〉が強い場合、職場領域に居場所を保持したい父親ならば、「一家の稼ぎ主」役割を脅かさない範囲内で子育てにかかわることになり（舩橋 2006；多賀 2011）、父親が〈ケアとしての子育て〉を実践する可能性は低くなるだろう。これは、〈ケアとしての子育て〉と〈「一家の稼ぎ主」という男らしさ〉との間のジレンマにつながる。

一方、地域領域では、母親の中に交じることによって、父親は居場所があっても少数派となるために、寂しさを感じて居づらくなる可能性もある。これは〈ケアとしての子育て〉と「子育て＝母親」規範との間のジレンマにつながる。他方、「おやじの会」のように、父親が自身の〈本質的な男らしさ〉にこだわって子育てをする場合は、母親との差異化によって「父親の子育て」が〈男らしい子育て〉になる可能性がある。その結果、母親を中心とする地域領域とは別に、〈本質的な男らしさ〉を

もつ父親に特化した地域領域をつくり出すことになるだろう。(13)

このように、父親が〈ケアとしての子育て〉を実践できるようになるためには、父親個人の変化だけでなく（庭野 2007 ほか）、それに対する各領域のメンバーの理解や承認が必要である。本章でみてきた「イクメンの星」候補の父親たちでさえ、いずれの領域においても、父親自身の子育てへの主体性や積極性があまり期待されていない現状では（図3－2）、父親が〈ケアとしての子育て〉を実践することは難しい。しかし、職場領域および地域領域でみられたように、当初はその領域で「主体的に子育てをする父親」が認められていない場合でも、父親自身が周りに働きかけることによる領域のメンバーの意識や行為の変化や、父親とメンバーの関係性の変容などによって、父親が〈ケアとしての子育て〉を実践できるようになる可能性はある。

では、職場／地域領域という2つの公領域の相違点は何だろうか。これら二つの領域の特徴として、職場領域は「一家の稼ぎ主」役割を担う男性が主であり、地域領域は子育て役割を担う母親が主だという違いがある。そのため、父親が多数派の中に居場所を得ようとすると、職場領域では「一家の稼ぎ主」役割、地域領域では子育て役割と、領域によって異なる役割が期待される。このことから、各領域において父親に期待される役割は、性別に関わらず、その領域で主に期待される役割が優先される場合もあることが示唆される。

（2）本章にみられた父親像と理論上の8タイプの父親像

本章でみてきたＨＰには、第1章で示した理論上の父親像のうち、どのタイプの父親がみられるだ

表 3-5　理論上の父親像との比較

ジェンダー規範		行為	父親像の理論上のタイプ	実証データ
身体性にもとづいた規範	企業社会にもとづいた規範	ケアとしての子育て		第4章
本質的な男らしさ	「一家の稼ぎ主」という男らしさ			イクメン HP
ある	ある	する	1	○
		しない	2	○
	ない	する	3	○
		しない	4	×
ない	ある	する	5	○
		しない	6	×
	ない	する	7	○
		しない	8	×

ろうか。本章の分析データにみられた父親像を○で示したものを、表3－5に示す。

本章では、〈「一家の稼ぎ主」という男らしさ〉をもって稼ぎ手役割を担い、かつ〈ケアとしての子育て〉を行う／行おうとする父親像であるタイプ1と5が確認された。さらに、収入がかなり減るにも関わらず長期の育休を取得する父親や、少数派とはいえ専業主夫もみられたことから、〈「一家の稼ぎ主」という男らしさ〉をもたずに〈ケアとしての子育て〉を行う父親像であるタイプ3と7も確認された[14]。したがって本章では、理論上考えられる父親像のうち、〈ケアとしての子育て〉をする父親像のタイプが全てみられたといえる。

また「おやじの会」のように、〈本質的な男らしさ〉を強調することによって、〈ケアとしての子育て〉ではなく〈男らしい子育て〉をする可能性がある場合もみられた。この「おやじの会」の父親の中には、長期に育休を取得する父親や、専業主夫になる父親はみられなかった。このことから、この父親像は、〈本質的な男らしさ〉と〈「一家の稼ぎ主」という男らしさ〉をもち、〈ケアとしての子育て〉ではなく〈男らしい子育て〉をする父親像であると考えられ、タイプ2にあたる。

他方、どちらの男らしさももたず〈ケアとしての子育て〉をしない父親像（タイプ4、6、8）はみられなかった。これは、本章で分析・考察してきた現実の父親の多くが〈ケアとしての子育て〉を「父親の子育て」として実践しているからだと考えられる。しかし、タイプ2として〈男らしい子育て〉をする父親像が確認できたことからは、〈本質的な男らしさ〉と〈「一家の稼ぎ主」という男らしさ〉の2つが重なると、「父親の子育て」が〈男らしい子育て〉になる可能性が示唆される。

したがって本章では、理論上考えられる8タイプの父親像のうち、5つの多様な父親像が確認された。しかし、〈「一家の稼ぎ主」という男らしさ〉をもたずに〈ケアとしての子育て〉をする、長期の育休取得者や専業主夫という父親はかなり少数派であり、多数を占めるのは〈「一家の稼ぎ主」という男らしさ〉をもつ父親像であった。本章で分析・考察してきたデータは、イクメンプロジェクトという厚生労働省の父親支援政策のホームページに掲載されたものである。ここで主に〈「一家の稼ぎ主」という男らしさ〉をもつ父親像が示されているということは、イクメンプロジェクトが推奨するイクメンは〈「一家の稼ぎ主」という男らしさ〉をもつ父親像であることが示唆される。

おわりに
――周囲からの理解や承認が必要な「父親の子育て」

本章では、イクメンプロジェクトＨＰへの父親の投稿記事を分析対象として、父親の〈ケアとしての子育て〉の実践可能性について考察した。各領域内での父親の子育てへの積極性と居場所の得やすさについて考察すると、第1章で示した「父親の子育て」にみられる〈ケアとしての子育て〉と現代日本のジェンダー規範との間のジレンマも認められ、実際に父親が〈ケアとしての子育て〉を実践するときには、このジェンダー規範とのジレンマを乗り越える必要があることがわかった。また、公領域に地域領域を加えて考察することにより、性別に関わらず、各領域で期待される役割の方が優先される場合もあることを示唆した。

「父親の子育て」の意義について、先行研究では、子ども・母親・父親自身という個人への影響について注目されることが多かった。しかし本章では、「公私領域と性別役割分業の相互作用モデル」を分析枠組として、父親とその周りの領域および領域のメンバーについても合わせて考察することにより、家庭領域で妻と調整しながら「自分の役目」として子育て役割を獲得していく、職場領域において有休で対応できる日数でも「あえて育休をとる」というような、父親が「子育てする親」として自分の居場所を獲得していこうとする実践からは、「父親の子育て」が〈ケアとしての子育て〉になるためには、父親個人の変化だけでなく、周囲の理解や承認が必要であることが明らかとなった。

本章の限界としては、分析対象に投稿記事を用いたため「父親の子育て」の領域間の影響について十分に検討ができなかったことがあげられる。実際には父親が各領域間を行き来することで、ある領域のメンバーとの関係性の変容がほかの領域のメンバーとの関係などにも影響していくと考えられる。たとえば、父親が子育てに主体的に関わろうとするときには、家庭領域で子育てに関わる分、仕事時間が短くなる父親の仕事を職場領域のメンバーが分担するなど、「父親の子育て」が父親以外の人の役割にも影響を与える。では父親たちは、実際に領域間を行き来しながら、どのように仕事や子育てを実践しているのだろうか。そこで次の第4章では、インタビュー・データを検討していく。

★註

（1）自由主義的な近代政治理論における最も典型的な公私区分は「国家」と「市民社会」であり、市民社会は国家から自立した自己組織的な領域とされている（田村 2005）。この区分にしたがえば、「国家や政府」は「公領域」、「企業の経済活動」は「私領域」となるため、職場も私領域となろう（山脇 2004）。これに対してフェミニズムは、男性による女性支配を構造化して再生産していることを明らかにすることを目的に、市民社会内部における「国家と市場」を「公領域」＝男性の領域、「家族・家庭」を「私領域」＝女性の領域とする、もう1つの公私区分を指摘してきた（田村 2005）。そのためジェンダー規範を考察する本書でも、このフェミニズムによる公私区分「家庭／非家庭」を採用する。

（2）実際には、女性だけの職場や男性だけの子育て支援事業も存在する。

（3）投稿の受付開始時期はＨＰ上では確認できないが、プロジェクト発足と同時にイクメン宣言の募集を開始していることから（厚生労働省 2010）、２０１０年６月と推定される。

（4）〈 〉内の数字は、引用文の記事No.。

（5）同じ記事に異なる領域について記述がある場合は各領域に1件と数えたため、件数が重複している。

（6）「育休取得」で「妻の手助け程度」の父親は、育休の取得期間が1～2週間と短期で、妻も同時期に産休や育休を取得しているため、主体的・積極的に関わる必要がなかったのではないかと考えられる。

（7）「自分の子どもが生まれるまで、子どもが苦手だった」という記述は5件みられた。しかし、それに対して父親が男性であることを理由にしたものはない。

（8）特に多数を占める「育休取得」は、全員、正規社員であると推察される。その理由は以下のとおりである。育児・介護休業法では、期間雇用者も育休を取得できるとされている。しかしそれは、①同一の事業主に引きつづき1年以上雇用されていること、②子の1歳の誕生日以降も引きつづき雇用されることが見込まれること、③子の2歳の誕生日の前々日までに、労働契約の期間が満了しており、かつ、契約が更新されないことが明らかでないこと、の条件を全て満たす場合に限られている（厚生労働省 2015）。長くつづく日本経済の不況や、職場での子育て支援制度を利用しようとする父親に対する嫌がらせ（パタニティ・ハラスメント）経験者が11・6％にのぼるという現状から考えると（日本労働組合総連合会 2014）、父親が期間雇用者などの非正規雇用である場合は、育休を取得して働きつづけることは難しい。

（9）ほかに、子育てに関わるために自主的に退職し専業主夫になったケースが3件、転職したケースが10件みられた。

（10）「⑤その他」には「子育てを通じ地域の一員として生活することの大切さを知りました」〈27〉などがみられたが、地域領域のメンバーとの関係性については書いていないため、ここでは分析から外した。

（11）本章の分析データには、「公私領域と性別役割分業の相互作用モデル」で設定した各領域の特徴から、大きく外れるものはみられなかった。

（12）この意味で、子育てを抱え込んでしまう母親も、固定的な性別役割分業を強化する存在である。

(13)「おやじの会」の活動の効果として、地域領域において少数派になりがちな父親を可視化することがあげられる。また、その活動内容が〈本質的な男らしさ〉にこだわらないものであるなら、父親が〈ケアとしての子育て〉を実践する契機となる可能性もあるため、男性だけで活動することが全て性別役割分業を強化するとは限らない。

(14) 前述のとおり、本章の分析データは自由記述の投稿記事という制約があるため、各データの父親が〈本質的な男らしさ〉をどこまでもっているかについては確認できない部分もある。しかし、地域領域でみられた「おやじの会」のように、父親（男性）に特化した子育て領域を新たにつくりだす試みの背景には、〈本質的な男らしさ〉があると考えられる。

第4章 「父親の子育て」と公私領域のジェンダー規範

インタビュー・データから

はじめに

――父親と公私領域のジェンダー規範とのダイナミクス

本章では当事者である父親たちの実際の子育て（実践）をみるため、筆者が子育て中の父親を対象に行ったインタビュー・データを用いて、「父親の子育て」と公私領域のジェンダー規範との関連について考察する。彼らがどのように公私領域間を行き来しながら、子育てや仕事を調整し実践しているのかを考察し、各領域のメンバーとの相互行為と関係がほかの領域にどのように影響するのかというダイナミクスをみていく。それによって、公私領域のジェンダー規範と「父親の子育て」との関連をさらに詳細に考察し、父親の〈ケアとしての子育て〉の実践可能性とその契機を探っていきたい。

第一章でみたように、これまでの父親のワーク・ライフ・バランス研究には、仕事と職場に焦点をあてたもの（末盛 2010; 松田 2013 など）、子育てと家庭に焦点をあてたもの（木脇 2008; 岩下 2011 など）

があるが、個人・家庭・職場の全てを同時に含んだ研究は少ない（石井クンツ 2013）。父親の子育てと仕事の関連を指摘した研究（多賀 2011；小笠原 2009 など）であっても、父親個人の意識に焦点をあて、父親が自身の役割や責任を自由に選択できることを前提としているため、職場／家庭領域のほかのメンバーのジェンダー規範や、それによる父親への影響については考察されていない。たとえば、妻が家庭のゲートキーパーとして父親の子育てへの関与を制約する場合、父親は自分自身の価値観や規範だけでなく、妻のそれにも合わせて考えて行動する必要がある（中川 2010）。このように各領域および領域のメンバーがもつジェンダー規範は、父親の子育てや仕事への関わり方に影響を与えており、父親個人の意識や行動と合わせて考察することが重要である。

他方、職場における男性の育休取得者などのロールモデルは、父親個人にとって「父親の子育て」のお手本になる（石井クンツ 2013）と同時に、「子育てする父親」として周囲のメンバーから承認を得るための資源になると考えられる。そのため、父親の職場にロールモデルがいるか、どのようなロールモデルなのかは、父親が職場領域の中に居場所を保持していく上で重要なポイントとなる。

本章では以上のような問題意識をもって、前章と同様に「公私領域と性別役割分業の相互作用モデル」を用いて考察していく。しかし、このモデルで設定した「子育ての場としての『地域領域』（幼稚園・保育園など）」については、本章の分析対象者は調査時点では関係性が薄いため、そのインタビュー・データから地域領域について観察することは難しい(1)。そこで本章では、「公私領域と性別役割分業の相互作用モデル」のうち、地域領域を除いた職場／家庭の2つの領域について考察する。

「父親の子育て」と各領域のジェンダー規範との関連を考察するため、分析視点は①父親の子育てや仕事に男らしさがみられるか、②父親が仕事と子育てを各領域のメンバーとどのように調整しているか、③職場領域におけるロールモデルの有無、[2] ④各領域における父親の居場所の有無、とする。

1. ジェンダー規範の大きな変化を経験した父親たち
——調査方法と分析対象者の特徴

(1) 調査方法

2013年12月～2015年3月に、会社員または公務員で、末子が12歳以下の有配偶男性9名を対象にインタビュー調査を行った。[3] スノーボール・サンプリングで得られた調査対象者の年齢は37～46歳(調査当時)である(表4-1)。インタビュー時間は1～2時間で、インタビュイーの職場に近い喫茶店などで1対1で行った。調査方法としては、事前に職場の状況や家族構成などについての質問紙調査を実施し、それにもとづいて、子育て・仕事への関与や、各領域のメンバーとの調整などについて半構造化インタビューを行った。[4]

(2) 分析対象者の特徴

分析対象者は全員、大学または大学院卒の高学歴である。彼らの年収の平均は975万円であり、[5] 全国の正規雇用されている男性の平均給与が527万円であることを考えると(国税庁 2014)、比較的高い階層の男性たちである。職場における地位は、全員が正規雇用の管理職である。これについては、

表 4-1　分析対象者一覧

仮名	年齢（当時）	最終学歴	身分	職種	1日の勤務時間（時間）	通勤時間（片道・分）	家族構成	
							配偶者の勤務状況（勤務形態）	子ども（内訳・当時）
A	45	大学	会社員	IT	10	60	会社員（フルタイム）	2人（保育園児2・男女）
B	44	大学院	公務員	役所	10	35	公務員（フルタイム）	2人（小学生1・女、保育園児1・男）
C	37	大学院	会社員	販売	9	15	会社員（短時間勤務）	3人（小学生1・女、保育園児2・女）
D	46	大学	会社員	メーカー	9	30	専業主婦	2人（小学生2・女）
E	44	大学	会社員	インフラ	7.5	90	在宅勤務（時期によって変動）	2人（小学生2・女）
F	45	大学	会社員	メーカー	8.5	90	専業主婦	2人（乳幼児2・男女）
G	44	大学	会社員	インフラ	10	45	専門職（時期によって変動）	2人（中学生1・女、小学生1・女）
H	44	大学	会社員	商社	11.5	45	専業主婦	1人（小学生1・女）
I	44	大学	会社員	金融	11	60	専業主婦	1人（中学生1・女）

所属する組織の規模に違いがあるため、管理職としての地位は係長から役員までと幅があるが、働く時間や場所、残業の有無などの自分の働き方について、ある程度の裁量権をもっている点では共通している。つまり彼らは、妻が専業主婦であっても十分に生活できるだけの収入があり、職場では、ある程度、自分の働き方を決められる地位にいる。したがって彼らは、自分についても妻についても働き方の裁量性は高く、ワーク・ライフ・バランスが自由にとりやすい層だと考えられる。

　分析対象者の社会的背景の特徴としては、学校で教育を受ける過程では男女が区別されていたにもかかわらず、親として子育てする時期には男女平等が推奨されるようになったという、ジェンダー規範の大きな変化を経験している世代であることがあげられる。彼らは、中学・高校では男女別修であったため家庭科教育を受けていない。就職前には「男女雇用機会均等法」が施行されたが、就職時に多くの企業では、女性は総合職／一般職のコース別であったのに対して、男性は総合職1本の採用方式がとられており、性別によるダブルスタンダードがまかり通っていた。その後、2002年以降に少子化対策・男女共同参画政策としての父親支援政策や、ワーク・ライフ・バランス政策が積極的に進められているが、それは本章の分析対象者が子育てをはじめた時期と重なる。

2.「父親の子育て」の現状
——分析対象者の共通点と相違点

(1) 分析対象者の共通点

分析対象者の仕事と子育てに関する共通点としては、①育休を取得していないこと、②ワーク・ライフ・バランスの重要性を認識していること、③家にいる時は内容にこだわらず子育てに関わっていること、④子どもの学校行事等を理由に休める職場環境にあること、⑤職場／家庭領域のどちらにも居場所があること、があげられる。

本章の分析対象者は、妻の出産時に仕事を休んでも「普通の特別休暇と有休で対応」（Dさん）しており、正式に制度を利用して育休を取得した父親はいなかった。分析対象者の子どもが生まれてからインタビュー実施時までの男性の育休取得率をみると、一番取得率が高い２０１１年でも２・63％となっており（厚生労働省 2014b）、男性が育休制度を利用すること自体、まだまだ壁が高いといえる。

また妻の出産時に休んだ人でも１日〜５日間と短く、出産予定日の１ヶ月以上前に申し出て特別な手続きが必要な育休よりも、当日に申し出可能で簡単な手続きで済む、特別休暇や有休で対応する方が便利だったのだろう。前章で分析した父親たちも、子育てや妊娠・出産時の妻のフォローのために休む際、短期間の場合には特別休暇や有休で対応している人が多かった。２０１４年の「少子化対策大綱」には、「男性の育児休業の取得促進」施策として「配偶者の産後８週間以内の父親の育児休業の利用を促進する」ことが明記され、男性の育児休業取得率の数値目標として、２０２０年に13％にすることが掲げられている（内閣府 2015）。しかし、現実の父親たちにとっては、子育てのための休暇は短期間で特別休暇と有休で対応することが「普通」（Ｄさん）になっているようである。

次に、ワーク・ライフ・バランスの重要性の認識については、「俺、そこまで仕事好きじゃないから」（Ａさん）、「仕事だけっていうのも嫌だけどね」（Ｇさん）、「私は、そんなに長く働くのは嫌なので」（Ｄさん）というように、かつての会社人間とは異なって仕事と距離をおき、「自分が子どもと触れあいたい」（Ｆさん）などの理由で、家族を大切にしている点に伺える。それは、父親個人の志向というだけではなく、２００２年以降の父親への育児支援策やワーク・ライフ・バランス施策の導入によって、職場領域が変化した影響だとも考えられる。

子育てについては、彼らは家にいる時は内容にこだわらず関わっており、「［おもらしの後始末は］僕が面倒みてるときは、僕がやる」（Ｆさん。［　］内は筆者の捕捉、以下同）、「［うんちのおむつ替えとかも」抵抗なかったですね」（Eさん）というように、子どもの世話の中でも父親が避けがちだといわれてきた、いわゆる汚れ仕事も引き受けている。この点は、量的調査から浮かんでくる「主に遊ぶ役割の父親」（総務省統計局 2011）とは異なり、〈子育てのジェンダー化〉（舩橋 1998）の中で母親が分担しがちな世話役割を、彼らは担っている。また、第2章の育児雑誌上でみられた《子育てが苦手な男》のように「男性であるがゆえに、本質的に自分は子育てが苦手・できない」という父親は、本章の分析対象者の中にはいなかった。したがって、本章の分析対象者が子育てに関わる時は、自身の男性というジェンダーを乗り越えて、子どもの身体的・情緒的ニーズに応える〈ケアとしての子育て〉を実践しており、〈本質的な男らしさ〉にもとづいて母親との差異化を強調する〈男らしい子育て〉はしていないといえるだろう。

職場環境については、「［入学式で］休む人いるよ、最近。多い、多い」（Hさん）というように、父親が子どもの学校行事のために休むことは、本章の分析対象者の職場では問題視されていないようである。ただし子育てを最優先できるわけではなく、「仕事の状況によると思う」（Fさん）という。

最後に、職場／家庭領域における居場所については、具体的な父親の居場所の獲得や保持の方法は後述するが、どの分析対象者からも職場／家庭領域に「居場所がない」「居づらい」などと語られることはなかった。職場領域を主な居場所とする男性は家庭から疎外されがちであることが先行研究で指摘されているが（伊藤 1993; 沢山 2013 ほか）、本章の分析対象者たちは、休日は基本的に家族と過ごすなど、妻や子どもとお互いに良好な関係を築いている。したがって彼らは、各領域のジェンダー規範に沿う、または各領域のメンバーと調整し合うなどして、「安心してそこに居ることができる関係性や場」をつくりだし、居場所を獲得・保持することができていると考えられる。

(2) 分析対象者の相違点

本章の分析対象者の相違点は「子どもが生まれた後の働き方の変化」である。先にみたとおり、彼らは育休取得まではしていないものの、ワーク・ライフ・バランスの重要性を認識しており、家にいる間は〈ケアとしての子育て〉を実践している。しかし、子どもが生まれた後の働き方の変化をみていくと、働き方を変えたかどうか、どのような理由でどこまで働き方を変えるかは、分析対象者によって異なっていた。そのため次節では、この相違点に注目して分析対象者を分類した上で、それぞれの父親について詳しくみていきたい。

3. 子どもが生まれた後の働き方と「父親の子育て」

(1) 子どもが生まれた後の働き方の変化

分析対象者を、子どもが生まれた後の働き方の変化と、働き方が変わった場合はその理由にもとづいて、図4－1のように分類した。

分類は、一般的な働く母親と比較して行っている。現代日本の「子育て＝母親」規範によって、女性は子育て役割を担うべき存在とみられる。そのため女性である母親は、子どもが生まれた後に主な子育て役割・責任を担い、働き方を変えざるを得ない。

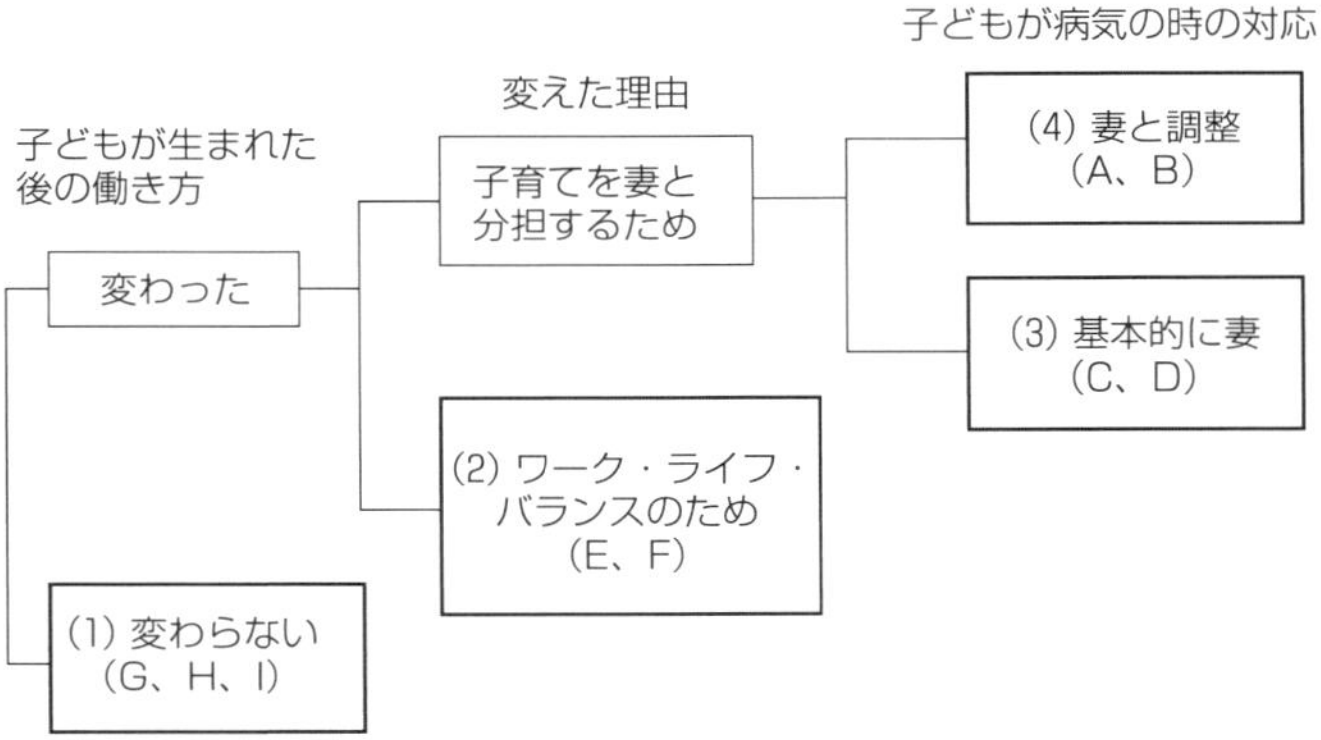

図 4-1　子どもが生まれた後の父親の働き方の変化

中野（2014）は、２０００年代に就職した総合職女性へのインタビュー調査から、出産後も就労継続する母親は「マミートラック」[6]も利用しながら、短時間勤務や育休など子育てしやすい環境や資源を獲得して使っていることを明らかにした[7]。逆に出産後に退職してしまう母親は、出産前は男並みに働いていた、いわゆる「バリキャリ」女性だという。中野は彼女たちが退職する理由として、出産前と同様に男並みに働きつづけられない自分を許せないことをあげる。このことから、働く母親は子育て役割と責任を担うことによって、出産前と同様・同等に働きつづけることが難しいことがわかる。

ほかに、母親が乳幼児を抱えて働く上で壁になるといわれているのは、保育所の待機児童の問題と、子どもの病気である（福田 2010）。特に子どもの病気は突発的に起こることが多く、その都度、大幅な仕事の調整を余儀なくされる。そのためここでは、子どもが生まれた後に働き方が変わったか、および子育てのために働き方を変えたかどうかと、変えている場合は子どもの病気時にも対応しているかによって、父親を4つのグループに分類している。

なお、働き方を変えた理由を「子育てを妻と分担するため」と「ワーク・ライフ・バランスのため」に分けたのは、次の理由による。「仕事と生活の調和（ワーク・ライフ・バランス）憲章」（内閣府 2007）では、ワーク・ライフ・バランスがとれた社会は、「国民一人ひとりがやりがいや充実感を感じながら働き、仕事上の責任を果たすとともに、家庭や地域生活などにおいても、育児期、中高年期といった人生の各段階に応じて多様な生き方が選択・実現できる社会」と定義されている。具体的には「就労による経済的自立が可能な社会」「健康で豊かな生活のための時間が確保できる社会」「多様な働き方・生き方が選択できる社会」とされ、あくまでも「働いて経済的に自立すること」が第一義とされている。そのため本章では「ワーク・ライフ・バランスのため」を「仕事を優先しつつ、家庭や地域生活も大事にするため」ととらえ、「子育てを妻と分担するため」とは別にした。

では、それぞれの父親たちは、どのように働いて子育てに関わり、各領域のメンバーと相互行為や関係をもっているのだろうか。以下では図4-1の分類にしたがい、グループごとに詳細にみていく。

(2) 各グループの父親の働き方と子育て

(1) 働き方が変わらない父親

子どもが生まれた後も働き方が変わらないのはGさん、Hさん、Iさんの3人である（以下、「働き方が変わらない父親」）。彼らは人事異動等で働き方に多少の変化はあったものの、子どもが生まれる前後では大きな変化はなかったという。彼らの働き方や子育てについて領域別に詳しくみていく。

①職場領域

この3人の職場環境の共通点は、①〈「一家の稼ぎ主」という男らしさ〉が強いこと、②《共働きロールモデル》が不在であることである。

Gさんと I さんの職場ではコース別人事が、[8] H さんと I さんの職場では、外回りは男性／事務仕事は女性というような職場内での性別役割分業がある。いずれの企業でも、いわゆる総合職[9]に女性も進出しているが、「真剣にね、男性と同じように仕事したい、それこそ上がっていきたいっていう［女性に対しての］チャンスは広がっているとは思う」（I さん）というように、女性であっても「男並みに働くこと」[10]が、総合職として職場で認められるかどうかの規準になっている。

このような職場では、男性総合職は男性であるがゆえに、当然のこととして「男並みに働くこと」を求められる。特にGさんの職場におけるコース別人事では、現在は性別による区別がない代わりに職種による男性間の差別化が図られ、男性総合職は上司から「［ほかの職種に比べて］そこはそんだけ処遇面とかが恵まれてるんだ、おまえらは分かってるよな」（Gさん）と、仕事を優先するように指導される。[11] つまり男性総合職は、ほかの男性との間に構築される〈「一家の稼ぎ主」という男らしさ〉によって（Connell 2005 ほか）、ますます「男並みに働くこと」を求められていく。

そして、〈「一家の稼ぎ主」という男らしさ〉が強い職場ほど、学校行事など計画的に休暇取得が可能であっても、子育てというプライベートなことを理由に休みにくくなってしまう。

G：総合職としてきてる人間は、なかなかそれ［＝プライベートな理由で休む］は、やりにくいところが［ある］。特に男性はね。女性は総合職でも、今はもう普通に、育休も含めてやってるっていうのが当たり前になってきてるけど。制度上、男性も育休とれる制度にはなってるけど、多分とらないだろうね、みんな。

このようにGさんの職場では、女性の総合職ならほかのメンバーから承認される育休も、男性だととるのが難しくなっている。つまり同じ総合職でも、子育て支援という点では男女でダブルスタンダードになっていることがわかる。そのためGさんは、自身が子育てなどのプライベートな理由で仕事を休むことは、制度が整っていても実際には難しいと判断している。そして彼は、職場でほかのメンバーと子どもの話をすることさえ、ほとんどないという。一方、HさんとIさんは職場で子どもの話をよくするということから、ここで取り上げている3人の中でも、Gさんの職場が最も男性総合職に対する〈「一家の稼ぎ主」という男らしさ〉が強いといえる。

次に《共働きロールモデル》については、前述のとおり、彼らの職場に出産後も働きつづける女性総合職が増えてきている一方で、同じ立場で働く男性の妻は「みんな専業主婦」（Iさん）だという。職場における男性の育休取得者などのロールモデルは、「父親の子育て」のお手本になる（石井クンツ 2013）と同時に、職場領域において「父親の子育て」に周囲のメンバーから承認を得るための資源になる。しかし彼らの場合は、身近なところに同じ立場で働く男性の《共働きロールモデル》が不在であるため、彼らには男性の多様な働き方がみえなくなり、「男並みに働くこと」以外の働き方が選択肢に入らなくなっているのではないだろうか。実際に、Gさん・Hさん・Iさんの1日の勤務時間は分析対象者中でも長く（表4－1）、男性総合職としてプライベートな理由で休みがとりにくい職場環境であることも合わせて考えると、長時間労働が常態化していることが伺える。

このように彼らは、職場領域のジェンダー規範である〈「一家の稼ぎ主」という男らしさ〉に沿って自分が「男性の総合職」であると自覚し、仕事を優先して「男並みに働くこと」で職場領域に居場所を得ている。しかし一方で分析対象者の共通点としてみたとおり、彼らもほかの父親と同様に、自分自身のワーク・ライフ・バランスも重視している。したがって彼らの仕事重視の姿勢は、先行研究が指摘している個人的な社会的成功や自己実現への志向（小笠原 2009；多賀 2011）だけでなく、職場領域で期待される役割を担うことによる、居場所を保持するための努力だとも考えられる。

②家庭領域

平日は3人とも、基本的に子育て役割を妻に一任している。妻の働き方をみると、HさんとIさんの妻は専業主婦であるが、Gさんの妻は正社員の専門職である。

ではGさんの妻は、平日のケア役割を一手に担いながら、どのようにして自分の仕事と子育てを両立しているのであろうか。妻は職種の関係で働き方が変則的であるという。一定の期間は土日祝日に関係なく仕事が入り、そのほかの期間は休みが多い。そのため比較的、勤務時間の都合がつきやすくなっている。それに加えて、住居の比較的近くに夫婦の親（子どもからみると祖父母）が住んでいて、子育ての手伝いを頼むことができる。この「子育ての手伝いを、いつ・誰に頼むか」などの調整や手配は、全て妻が行っている。このようにしてGさん夫婦は、Gさんが平日に仕事を優先しても、妻も正社員として働きつづけることが可能となっている。しかしGさんも休日など家にいる時は、内容にこだわらず子育てや家事に関わっている。

G：休みの時に嫁さんいなかったら、普通に［子どもの］世話をするっていう。今でもメシは作ってるから。［家事も］一通りのところは、やってるから。

またHさんは、平日の子どもの夜泣きへの対応もしていた。最初は夫婦で一緒にしていたが、最終的にはHさんが1人で対応するようになったという。

H：それ［＝夜中のオムツ替え］は平日もしてた。［中略］［娘が］パっと泣いたら、僕がパッと起きるから、行って、おむつを替えてってやってるうちに［嫁が］起きてくるから、［娘を］渡して、［嫁が］母乳をあげてみたいな感じで。［中略］粉ミルクに変えたら、作れちゃうんだよね、自分で。そしたら見事にね、［嫁が］起きてこなくなって。

Iさんも、休日には子どもを公園に連れて行くだけでなく、オムツ替えや子どもにご飯を食べさせることもしていたという。

このように家にいる間に限られるとはいえ、彼らは内容にこだわらず子育てすることで、家庭領域での自身の子育て役割を得ることができ、それが彼らの居場所の確保につながると考えられる。固定的な性別役割分業にもとづいて、母親自身が主な子育て役割・責任を担うことを承認している場合は、限られた時間であっても母親の子育て役割が軽減され、同じ子育て経験や気持ちを共有して夫婦関係を良好なものとすることが、家庭領域における父親の居場所の確保につながるのだろう[12]。

それでは彼らは妻の働き方について、どのように考えているのだろうか。これについては3人とも妻の意思を尊重するといい、Hさんと I さんも、専業主婦である妻がフルタイムで働きたかったら、それでもいいという。しかし、実際に妻がフルタイムで働いたとしても、基本的には、現在と同様に子育て役割は妻に一任し、自分の働き方を大幅に変えるつもりはない。

H：そこはちゃんと考えて、自分［＝嫁］の中でやってねっていう。やり方を、［仕事と子育てを両立できるように］そこはちょっと工夫をしてねっていうのはあるけど。できる範囲でね。［ぼくが］協力できる範囲とできない範囲があるから。

3人のうちGさんの妻は、実際に正社員として出産後も働きつづけている。しかし先にみたように、妻が主に子育てをしており、Gさんは子育てのために仕事時間を調整する必要はない。もし調整する場合でも「早く帰れるんだったら早く帰るというか、定時に帰ろう」（Gさん）とする程度で、仕事に支障のない範囲に留めている。

このように彼らの夫婦間での子育て分担は、まず父親が職場で「男並みに働く」ことが前提とされ、そのことは自明視されている。そのため、妻は主な子育て役割を担うことが期待され、その範囲内で、妻の働き方の選択が尊重されているといえよう。

(2) ワーク・ライフ・バランスのために働き方を変える父親

子どもが生まれた後にワーク・ライフ・バランス（仕事を優先しつつ、家庭や地域生活も大事にすること）を理由に働き方を変えたのは、EさんとFさんの2人である。彼らは仕事や子育てにどのように関わっているのだろうか。領域別に詳しくみていく。

①職場領域

彼らの部署の男女比をみると、Eさんは男性の方が多く、Fさんは女性の方が多い。しかし新卒採用のコース別人事はなく、女性の活躍促進に積極的な点は共通しており、性別や学歴に関係なく「だんだん、実力主義にはなってきて」（Eさん）いる。また休暇取得については、子育てに限らず、プライベートなことを理由にとりやすい雰囲気である。特にEさんの会社では、「プライベートが充実してなかったら、仕事できない」（Eさん）として、休むことに積極的な意味を見出している。

彼らは働き方を変えた理由について、郊外に家を購入して通勤に時間がかかるようになったことに加えて、管理職になって、彼らが担当する仕事の内容や進め方自体が変わったことをあげる。

F：［自分の職位である］課長はマネージャーだから、実務は担当者にいって、マネージャーの仕事により専念したい。［中略］その分、僕はマネージャーに専念じゃないけど、重心を置いてるから、余計残業が減ったのもあるかも。

このように彼らは、実務から離れてマネジメントに専念するようになったことで、自分自身の働き方も、残業や休日出勤をしないようにマネジメントできるようになっている。またマネージャーとして部下の仕事の段取りや進み具合にも気を配る必要があるが、これはやりはじめると切りがない。そのため彼らは会社を出るタイミングや長い通勤時間に、仕事から意識を切り替えているという。ほかにFさんは、仕事を早く切り上げる理由として、子どもと触れ合いたいこともあげる。

F：まー、極力早く帰ろうとはしてるかな。したかな。だいぶ残業減ったんじゃないかなー。極力やっぱり、うん、早く帰ろうとしてるから。後、やっぱりその、飲みに行く回数が減ったと思う。外で食べたり、飲んだりというのが減って、家にいる時間が増えた。平日とかも。
＊：それは、子どもと触れあいたいから？　それとも、奥さんが大変そうだから？
F：両方あるけど、自分が子どもと触れあいたいからかなー。

このようにFさんは家にいる時間を確保するために、仕事の時間の調整をしているだけでなく、勤務外で飲みに行く回数も減らしている。

EさんとFさんの1日の勤務時間をみると、分析対象者の中でも比較的短い（表4－1）。しかし、ここでの仕事時間の調整は、働く母親の短時間勤務のように大きく働き方を変えるものではなく、あくまでも残業や休日出勤を少なくするという調整である。そのため2人は職場領域のほかのメンバーと交渉や調整をする必要はなく、実際にしていない。そうしなくても職場ですでに認められている範囲での調整ならば、職場領域で期待される働き方に沿っているため、彼らの居場所は保持されるだろう。

そして、彼らができるだけ残業や休日出勤をしないように実践することは、彼ら自身が職場領域のロールモデルになることにもつながっている。

E：［上司が］帰らないと、みんな帰れないし。もう帰るわって言って、ぼくは18時には帰りますんで。

職場で認められている範囲であっても、管理職が自ら「男性が働き過ぎない姿」をみせることは、これから管理職を目指す世代に対して、男並みでない多様な働き方を示すという大きな意味がある。

では彼らと、先にみた「働き方が変わらない父親」との違いは何だろうか。彼らの相違点としては、職場の《共働きロールモデル》の存在があげられる。ワーク・ライフ・バランスのために働き方を変えたEさんとFさんの職場には、身近に共働きをしているメンバーがいる。

＊：実際、そういう風な、共働きで、家事・育児分担しながらやってるような同僚とか、先輩とかいま

す？

Ｅ：いますよ、いますいます。自分で弁当作ってきてるのもいますし。

＊：へえ。そういうのは、会社の中でもそんなに珍しくはない？

Ｅ：別に、珍しくはないですよ。そんなに違和感ないですね。

このようなプライベートな理由で休みがとりやすい、共働きしやすい職場環境は元々あったものではなく、入社当時は「働き方が変わらない父親」の職場と同様に〈「一家の稼ぎ主」という男らしさ〉が強かったという。

Ｅ：会社もたぶん、ぼくらが入社した時は、仕事第一っていう人が主で、やっぱり［自分も］そう思って入ってるけど、今はそういう人ばっかりじゃ当然なくてっていうのは、うち［の会社］に限ったことじゃないんだろうなとは思います。

このような職場環境の変化は、Ｅさんの職場ではここ10年くらいで起こっているという。これは、２００２年以降に盛んになった父親支援政策や男女共同参画政策、ワーク・ライフ・バランス施策の影響によるものだと考えられる。

②家庭領域

では彼らは家庭において、どのように子育てしているのだろうか。EさんとFさんは、仕事を早めに切り上げるという働き方の調整をして飲みに行く回数も減らした結果、家庭にいる時間が長くなり、子育てや家事に関わる時間が増えている。そして家にいる時は、内容にこだわらずに子育てや家事に関わっており、〈ケアとしての子育て〉を実践しているといえる。

＊：その［子どもがトイレに］失敗したときの後始末とかは、誰が？

F：まー、［夫婦］両方やるけど。僕が面倒みてるときは、僕がやる。

このように彼らは、子育て役割を得ることによって、家庭領域での居場所を確保している。家にいるときの子育てや家事の分担については、「どっちか、空いてる方がやる」（Eさん）ようにしており、特に妻と分担や調整はしていないという。一方で平日の子育て役割は、2人とも基本的に妻に一任していて、「日によっては僕がお風呂に入れたり」「帰ってから少し、1時間遊んで、そっから寝たりとか」（ともにFさん）する程度だという。

では、彼らは妻の働き方について、どのように考えているのだろうか。EさんとFさんも、先にみた「働き方が変わらない父親」と同様に、「働きたいなら働いてもらってもいいんじゃないかな」（Fさん）と妻に任せている。実際の妻の働き方は、Eさんは在宅勤務、Fさんは専業主婦と異なっているが、基本的に常時、家にいることでは共通している。しかし、ここで彼らが「働き方が変わらない父親」と異なる点は、妻がもしフルタイムで働くようになった場合は、自分の働き方を多少変えても、子育てや家事を分担してもよいと考えているところである。

＊：もしそうなったら、子どもの送り迎えとか、小学生だったら学童のお迎えくらいは残っているかもしれないから、そういうのも一緒にやっていく？

F：まー、一応［自分の］仕事の状況にもよるけれど、できれば分担しないとだめだろうな。

この点については、Eさんも家事や子育ての分担は「［自分が引き受けても］大丈夫」と答えている。しかし、あくまでも「仕事の状況にもよる」（Fさん）という点からは、実際にそうなった場合には、父親が職場領域において期待される働き方を優先することが予想される。

(3)子どもの病気時には、基本的に妻が対応する父親

これにあてはまるのは、CさんとDさんの2人である。彼らは仕事や子育てにどのように関わっているのだろうか。領域別に詳しくみていく。

①職場領域

職場は、Cさんが親族経営の企業で男女半々、Dさんはメーカーで部署は男性ばかりである。しかしDさんの職場も企業全体でみると、同職種でも部署によっては女性ばかりのユニットもあるという。

そして、どちらの職場も、子育てに限らず、プライベートな理由で休みやすい雰囲気がある。この2人の職場は、上司も含めて、働いているメンバーがお互いの家族についても把握しているため、子育てをはじめとするプライベートなことへの配慮がある。

D：支社にいるトップの人が、意外と〔部下の〕家庭状況とか把握されてて。たとえばなんか、どっかで地震があると、実家がその辺じゃなかったかとか、子どももそろそろどれくらいになったとか、そんな話をしてくれたりします。

また、これまでみてきた父親たちに比べて、勤務時間や場所の自由度は2人とも高い。Dさんは裁量労働制で働いておりコアタイムも設けられていないので、出勤・退勤時間ともに、ある程度は自由がきく。一方、Cさんは出勤・退勤時間が決まっているが、職場と住まいが比較的近いため、子どもの学校行事には、営業などの外回りのついでに参加することが可能だという。

C：〔休みは〕1日じゃなくても、半日だけとかいう形とか。営業とか、商品の集荷・仕入れなんかで、出ることもあるので、近所ですから、それに引っかけて行くこともあるし。

働き方のもう1つの特徴として、2人とも残業することがほとんどない。職場のほかのメンバーも同様に働いており、先にみた職場のプライベートなことへの配慮と、働き方の裁量性の高さもある。

そのため、2人が毎朝、子どもを保育園・幼稚園へ送っていることは職場のメンバーに受け入れられやすく、「子育てする父親」として承認されて、職場領域に居場所を保持できる環境だといえる。

職場のロールモデルについては、Cさんは社長職にある妻の両親がそれにあたり、実際にCさん夫婦が跡継ぎとして、妻の両親の仕事をそのまま引き継いでいる。そして、自分の子どもたちに「自分の仕事をなるべく身近に見せていけたらな」（Cさん）と考え、自らもロールモデルとなることを意識している。Dさんも部下に「いつかは［親の］面倒見るときがくるかもしれないから、その時を考えて働き方を考えるのは大事じゃないかって問題提起は」（Dさん）することがあるという。

このように、彼らは自分の働き方を調整するだけでなく、自らがロールモデルとして次の世代に伝えはじめている。彼らがこのように考える背景として、職場で「男並みに働くこと」への疑問がある。

D：講演会があったんですよ、会社で。その講演会で、女性は転勤も行けるし、発展途上国の出向とかも、妊娠と子育てがあるってことを除けば、全部男性と一緒にすべきだと。これ［＝男並みに働くこと］をちらつかされている気分で、とても嫌だったんで。

このようにDさんは、職場での女性の活躍促進についての講演会で、女性が「男並みに働くこと」を勧められることが「とても嫌だった」と語る。それは女性だけでなく、暗に男性に対しても、「男並みに働くのが一人前」という〈「一家の稼ぎ主」という男らしさ〉を職場からのメッセージとして受け取ったと感じたからだろう。

一方、Cさんは転職しているが、それは前の職場の過酷な仕事環境のためだった。

C：前の職場でずっと働き続けるのは無理だなという感じはあったので、とにかくその状況を変えなくちゃっていう意識の方が強かったし、次にどこを選ぶかということよりも、子ども含め、家族を守っていくには、とにかくもう、逃げ出さなくちゃという感覚が結構ありましたね。

その職場は単に長時間労働というだけでなく、「働くということに対して、人のやらない、嫌がることを、代わりにやった対価としてお金、給料を得るという感覚」（Cさん）が養われてしまう環境だった。そして転職によって、働き方も含めて自分の裁量権が上がったCさんは、子育てにもかかわれるようになったという。

②家庭領域

Cさんと Dさんは毎朝、子どもを保育園・幼稚園へ送っているが、子どもが病気のときには基本的に妻が対応している。それによって、彼らは突発的に仕事を休むことを避け、通常通り、職場の規範に沿って仕事をすることが可能になるため、職場領域に居場所を保持できていると考えられる。

子どもが病気のときには妻に任せる理由として、Dさんは妻が専業主婦であること、Cさんは妻が短時間勤務のため時間の調整がききやすいことがある。ほかに、共働きのCさんは、夫婦の仕事内容の違いをその理由にあげる。

C：仕事の状況もありますけど、奥さんが休んでっていうことが多いですね。［奥さんは］経理やってるので、月の締めのタイミングがあったりとか、計算があったりとか、その辺のタイミングによっては、ぼくが休んでっていうこともなくはない。交代でってこともできるんで。ただやっぱり、どうしてもお客さんを相手にしているのはぼくの方になるので、いつお客さんが来るかっていう状況もありますので、基本、［子どもが病気の時は］ぼくはお店に出てっていう形が多いです。

このように、Cさん夫婦はどちらが休むかを決める際に、計画的に進められる妻の経理と、突発的に「いつお客さんが来るかっていう状況」になるCさんの客対応という仕事を比較して考え、自分だけではコントロールしにくいCさんの仕事を優先している。

それでは妻の働き方について、彼らはどのように考えているのだろうか。Cさんの妻は、実際に短時間勤務で働いている。共働きの理由についてCさんは、「家業ですね」（Cさん）と語る。家業なので、夫婦揃ってやろうということに自然になったという。それに対して妻が専業主婦のDさんは、これまでみてきた父親と同様に、妻の働き方については「したけりゃしたらいいと思うんです」（Dさん）と、妻の意思を尊重するという。結婚した当初は妻に「アルバイトくらいにしてくれ」といっていたDさんだが、その後、実際に妻がアルバイトをしたら勤務時間的にはフルタイムだったという経験もあり、「［自分の転職で］こっち移るとか、子ども出来るくらいで、考え方変えないといけないなぁと思ったので」（Dさん）、妻が働いてもいいと考えるようになったという。

では、彼らはどのように子育てに関わっているのだろうか。これまでみてきた父親と同様に、CさんとDさんは、家にいるときには内容にこだわらずに子育てに関わっており、〈ケアとしての子育て〉をしているといえる。ただ、その分担割合は、「基本はかみさんがやってるけど、部分・部分で、こう隙間・隙間にぼくが入ってくるって感じ」（Cさん）で、妻の方が多くなっているという。

C：なんか、［夫婦で］役割分担になってる感じとかもある一方で、まあ、心がけとしては、できる時にできる方がという感じで、僕は思ってるんですけど。どうしても、そういう風にすると、なんていうかな……、割合としては、かみさん任せになってしまう傾向がありますよね、客観的に考えると。

夫婦の分担が妻に偏ってしまう背景には、第一子が産まれた頃に、彼らが子育てを妻任せだったことがある。その後、第二子が産まれたことを契機に、彼らの子育ては積極的なものに変化している。Cさんは前述のとおり、前の職場での働き方が過酷だったため転職したが、それによって仕事の内容も働き方も大きく変わり、子育てに関われる環境になったと語る。

C：［当時は］結構、本当、がっちり［かみさんに］任せっきりって感じだったと思うんですけど。そこから比べたら［今は］関われるような環境になってきたかなあという気はします。特に2人目が、［転職した後］こっち帰って来てから生まれたんで、2人目の娘からは相当がっちり関わってるかなぁ。

一方、Ｄさんは、第一子が生まれた頃は資格試験の勉強中だったため、お風呂に入れる以外はあまり子育てに関わっていなかったが、第二子が生まれたことをきっかけに、上の子の子育てを担当するようになった。そして子どもが幼稚園に入園すると、Ｄさんは朝に子どもを送るだけでなく、毎日のお弁当づくりもするようになったという。

その頃のＤさんは、「なんか［自分は］こんなに［子育てを］やってる」（Ｄさん）と思っていたが、妻からの評価は芳しくなく、「［自分が］一生懸命やってる割には、認められ感がない」（Ｄさん）と感じていた。この夫婦間の評価の差は、Ｄさんが、第一子が生まれた頃の、子育てにほとんど関わっていなかった自分と比べて「やってる」と感じているのに対し、妻は「自分と比べて、夫は子育てをしてない」と評価しているからではないだろうか。そしてＤさんは、その妻の評価との食い違いを、直接、妻と交渉・調整して解決するのではなく、ＮＰＯの父親支援イベントで、ほかの父親に「それよくわかります」と共感してもらうことによって解決しようとする。

Ｄ：それで会に行って、［幼稚園の］弁当作ってましたって自慢したら、［他の人たちに］ああすごいですねって言ってもらえると思って行ったら、［その会に］「３６５日弁当パパ」っていうのが既にいたんです。で、名乗れなくなったって話です。

ここでの子育て行為が、従来は女性役割とされるケア役割（舩橋 2006）である「お弁当づくり」という点では、Ｄさんは自分の〈本質的な男らしさ〉を乗り越えているといえるだろう。しかし、その行為を評価する段階では、ほかの父親の子育てとの比較という方法がとられており、ほかの男性との関係の中で構築される別の男らしさへのこだわりが垣間みえる（Connell 2005 ほか）。ここでみられる「別の男らしさ」は、ほかの父親よりも自分の方が子育てをしていることを周りに認めて欲しいという意味では、「優越志向の強い男らしさ」（伊藤 1993）だと考えられる。

第3章でみた「おやじの会」の父親の例では、母親との差異を強調する〈本質的な男らしさ〉へのこだわりがみられ、それが〈男らしい子育て〉につながる可能性が示唆された。では、ここでみられる「優越志向の強い男らしさ」も、同様に〈男らしい子育て〉につながるのだろうか。少なくともDさんの場合は、その後も毎日のお弁当づくりや幼稚園へ子どもを送ることはつづけており、子育て役割に変化はみられない。その点から、ここでみられる「優越志向の強い男らしさ」は、〈男らしい子育て〉につながるものではないようである。

(4)子どもの病気時に妻と調整する父親

これにあてはまるのは、AさんとBさんの2人である。彼らはどのように仕事と子育てにかかわっているのだろうか。領域別に詳しくみていく。

①職場領域

職場のメンバーの男女比は、Aさんの職場では1人を除いて、ほぼ全員が男性である。一方、Bさんの職場は、部署内の男女比は男性4：女性1と男性がかなり多いが、職場全体でみると、部署によっては女性比率が高いところもあるという。どちらの職場も、子育てに限らずプライベートな理由で休みやすい雰囲気があり、Aさんは裁量労働制で働いており、Bさんは出勤・退勤時間が決まっているが、半日単位で有休がとれるようになっている。

子どもが生まれた後の働き方の変化については、Bさんは子どもの病気で急に休む場合に備えて、仕事の計画を前倒しにするようになったという。それに対してAさんは、子どもの病気やお迎えで「時間の制約を入れながらやることにはなったけど、そこ以外は、そんなにすごく変わった感じはない」（Aさん）。その理由としてAさんは、もともと職場での仕事時間の裁量度が高いことに加えて、メール等のICT技術が発達し、いつでもどこでも仕事ができる職場環境になったことをあげている。Aさんにとっては子どもの病気などで突発的に休むようになったことよりも、ICT技術の発達による変化の方が、働き方の変化という点ではインパクトが強い。

普段から職場で子どもの話をよくするというAさんとBさんは、自分が主体的に子育てに関わっていることを、職場領域のメンバーにアピールしている。

B：[子どもの]突発的な病気とかについては、やっぱりそれを優先せざるをえないし、職場でも宣言してる。悪いけど、子どもが病気のときは助けてね。上[＝上司]も、下[＝部下]も、横[＝同僚]にも頼んで。

Bさんがこのように自分の子育て役割をアピールすると、職場にはほかにも子育て中のメンバーがいるため、お互い様という雰囲気になるという。
一方Aさんは、職場のメンバーに保育園へのお迎えの日をあらかじめ知らせることによって、自分の子育て役割をアピールしている。

A：［職場で］直接顔を合わす会議は、基本的に昼間とか。で、全員の予定が［ネット上で］オープンにみれるから。たとえば、僕はもう水曜日はずーっと、保育園、保育園、保育園って夕方に入れてあるから、みんなはそこを避けてやってくれる。

このようなAさんのアピールを受け、職場領域のメンバーはそれを認めて、会議等のスケジュールを調整している。このことからAさんもBさんも同様に、「主体的に子育てをする父親」として職場領域のメンバーに承認されて良好な関係を保っており、居場所を保持しているといえるだろう。
では、主体的に子育てに関わっているAさんとBさんの仕事の量や責任は、ほかの男性と比較してどうなのだろうか。2人のどちらからも、子育てのために仕事時間の制約があるにも関わらず、働く母親が短時間勤務を選択するように仕事の量や責任を減らし、それを職場領域のメンバーと分担しているという話はなかった。彼らの1日の勤務時間数は10時間と分析対象者のうちでも長い方であり、妻がほとんどの子育て役割を担う「働き方が変わらない父親」のGさん・Hさん・Iさんと比べても、それほど大きな差はない（表4－1）。つまり、父親が負う子育ての量や責任に関わらず、職場領域において、父親が男性として「男並み」に働く量や責任は決められていると考えられる。したがって、主体的に子育てにかかわる父親に対しても、職場の〈「一家の稼ぎ主」という男らしさ〉はほかの男性メンバーと同様にあてはめられ、彼らはあくまでも、自分の仕事は自分の責任として果たしているといえる。妻との調整方法については後の家庭領域のところで詳述するが、働く時間と場所は調整するものの、彼らは責任や量という点では〈「一家の稼ぎ主」という男らしさ〉に沿って「男並み」に働きながら、同時に、自分自身の〈本質的な男らしさ〉は乗り越えて、母親と同等に〈ケアとしての子育て〉に関わろうとしている。この点から、彼らは〈ケアとしての子育て〉と〈「一家の稼ぎ主」という男らしさ〉のジレンマを抱えていると考えられる。しかし彼らから、仕事の量や責任を調整しない職場への不満が語られることはなかった。この点からは、彼ら自身も、自分が男性であるがゆえに「男並み」に働くことを自明視しているといえるだろう。

次に職場のロールモデルについてみていくと、Bさんは共働きを選択した理由として、職場の先輩の影響があったという。

B：直属の先輩とかが、専業［主婦］と、公務員共働きとか、いるんですよ。で、飲み会とかで、ぼやくじゃないですか。それぞれのぼやきをね。で、どう考えても、その専業主婦の方のぼやきの方が切実で。

＊：たとえば？

B：たとえば……、まず、小遣い制。１日５００円しか使えないとか。家帰っても、会話が通じないし。子どももママの味方だし、居場所ないみたいな。しょうがないから飲んで帰らないといけないけど、小遣いない、みたいな。

ここでBさんがいう「職場の先輩」は、団塊の世代も含めた広い年代を指している。Bさんは就職後に、先輩から共働き／片働きの夫婦関係についての経験談を多く聞いた。その中で、父親の悩みは片働きの方が切実だと感じたBさんは、共働きの先輩をお手本となるロールモデル（石井クンツ 2013）、片働きの先輩を反面教師的なロールモデルとしてとらえ、家庭に自分の居場所を確保するためには共働きが不可欠だと考えるようになる。これは公務員という、民間企業に比べて《共働きロールモデル》が多い職場環境も影響していると考えられる。このようにしてBさんは、先輩の経験談にみられる多様な夫婦の働き方から、自分に合ったロールモデルを獲得している。

②家庭領域

では、彼らは実際にどのように子育てにかかわっているのだろうか。Aさん・Bさんはともに、日常的に主体的に子育てに関わっている。毎朝、子どもを送っていくことは、先にみたCさん・Dさんも担当していたが、AさんとBさんは週に何日かお迎えも引き受け、お迎え後の習い事への子どもの送迎や夕飯の準備、お風呂や子どもの寝かしつけ、保育園への連絡帳の記入なども、「一蓮托生」（Bさん）で引き受けている。また、AさんとBさんがお迎えに行く日は妻が残業しているため、家事や子育ては全て父親1人で行っている。このように、彼らは主体的な子育て役割を得ることによって、妻や子とお互いに良好な関係を築き、家庭領域に居場所を得ているといえる。

夫婦でフルタイムの共働きをつづける理由について、Aさんは次のように語る。

A：［奥さんは］家にいたければいてもいいし、働きたければ働けばいい。でも、働いた方がいいとは思ってた。ずっと家にいるとさ、なんていうか、お互いの時間があった方が、きっとうまくいくっていう。

このようにAさんは、これまでみてきた父親たちと同様に、働くかどうかは妻の意志にしたがうといいながらも、妻は「働いた方がいい」と考えている。Aさんは、ここであげた夫婦で「お互いの時間があった方が、きっとうまくいく」ことのほかに、妻のキャリア継続も共働きをつづける理由としてあげており、妻の仕事と自分の仕事を同等に考えていることが伺える。

一方、Bさんは共働きの理由として、夫婦の収入差がないことをあげる。

B：［公務員は］お互いの給料が基本的に変わらない。男性だから、女性だからって変わらないから。で、ま、いっても、生涯年収を保証されてるみたいなものですよね。［共働きをやめて］途中下車するだけの、生活水準落とす勇気ありますかっていう。

Bさんは夫婦の収入について「男性だから、女性だからって変わらない」と言い切る。つまりBさんは、生涯年収という具体的な数字から妻の仕事と自分の仕事を同等に考えていることがわかる。

実は2人とも、子どもが生まれて専業主婦志向に傾きかけていた妻を、上記のそれぞれの理由から説得して共働きをつづけている。(13) したがって彼らには、自分が男性として1人で稼ぎ手役割を背負う〈「一家の稼ぎ主」という男らしさ〉へのこだわり（Ishii-Kuntz 2003; 多賀 2011など）はなく、むしろ夫婦2人で一緒に稼ぎ手役割を担うことを望んでいる。そのため2人とも、フルタイムで働く夫婦間の子育てや家事分担は、平等でよいと考えている。しかし実際の分担量には違いがあり、Aさんは夫1：妻4、Bさんは半々となっている。この違いは次の語りからみられる。

B：色々情報収集した結果、これはやっぱり、今の状況だったら0歳で［子どもを保育園に］入れとかないと、長いこと働けない。働けないなーという話で。まー［妻には］悪いけど、［産休明けから］働いてって方針で。［自分が］できることはやりますからって。

このようにBさんは、産休明けから共働きを再開する条件として、妻に「できることはやります」と自分から提案し、実際に半分ずつ分担している。これに対しAさんは、分担量の違いは自分ではなく妻の考え方によるものだと語る。

A：［奥さんは］男子はやっぱりちゃんと仕事きちっとしてやった方がいいんじゃないのっていう。特に今、［僕の職場が］忙しい時でもあるから、余計にちゃんとやった方がいいっていうのがあって。どちらかというと、奥さん側の配慮。

Ａさんは実際に、保育園のお迎えの回数を増やすなど、妻に対して何度か自分の家事・育児分担を増やす提案をしているという。しかし妻は「男子はやっぱりちゃんと仕事きちっとしてやった方がいい」と考えており、最終的にはＡさんもその判断を尊重して分担量を決めている。したがって、Ａさんの場合は妻がゲートキーパーとなり、父親の子育てへの関わりを制限しているといえるだろう（中川 2010）。ここで注目したいのは、Ａさんの妻の固定的なジェンダー規範が、夫の職場への配慮でもある点である。つまり職場領域における〈「一家の稼ぎ主」という男らしさ〉が家庭領域へも影響することによって、夫婦間の性別役割分業が固定化されていくことが示唆される。

また彼らは仕事が忙しいときには、次のように妻と家事や子育てを調整している。

Ｂ：［仕事を］家に持って帰っても、子どもがいるとできないでしょ。逆にだから［夫婦で］お互い、ちゃんと［仕事を］やる日とやらない日を決めて、やる日に事務所でやりきって。

上記のように、Ｂさんは妻とスケジュールを細かく出し合い、お互いに仕事を「事務所でやりきる」るように調整している。一方Ａさんは、職場のＩＣＴ環境が整っているため、時間と場所を選ばないで仕事ができる。

Ａ：実際［お迎えで］早く帰った日も、電車の帰り道で［仕事の］メール見ながら返信もするし、忙しい時だったら、子ども寝かした後に夜中に仕事してたりする。

前述のとおりAさんもBさんも、保育園のお迎えの日は妻が残業する日なので、帰宅後は父親が1人で子育てと家事をこなす必要がある。そのため、仕事を持ち帰ることで調整しているAさんは帰宅途中にも仕事をし、それでも終わらないときには「子ども寝かした後に夜中に」自分の睡眠時間を削って仕事をしている。つまりAさんは、自分の仕事の役割と責任を果たすために、睡眠時間も含めて調整する「24時間のつじつま合わせ」（Aさん）状態になっている。したがって、この仕事の持ち帰りは、ほかの人に負担させることなく自分の仕事の役割と責任を果たすことで、自分が職場領域のメンバーの一員として認められ、職場領域での居場所を保持するための努力だと考えられる。

（3）父親の働き方と子育て

本節のインタビュー・データの分析結果からわかった、「父親の子育て」が〈ケアとしての子育て〉になるためのポイントを図4－2に示す。それは①父親の働き方の変化、②職場領域の〈「一家の稼ぎ主」という男らしさ〉の強さ、③父親の妻の仕事への考え方、の3点である。

まず、本章での分析対象者は全員、家にいれば内容にこだわらずに子育てしている点から、質的には子どもの身体的・情緒的なニーズに応える〈ケアとしての子育て〉を実践しているといえる。しかし、子どもは24時間365日生きて生活しているため親の責任は無制限であり、〈ケアとしての子育て〉には量的な時間も必要である。この点から考えると、本章において〈ケアとしての子育て〉が量的（時間的）にも実践できていると考えられるのは、最後にみた「子どもが病気の時に妻と調整する父親」である。家族でのケアを基本とする日本の福祉社会の中では（大沢 1993）、祖父母と同居また

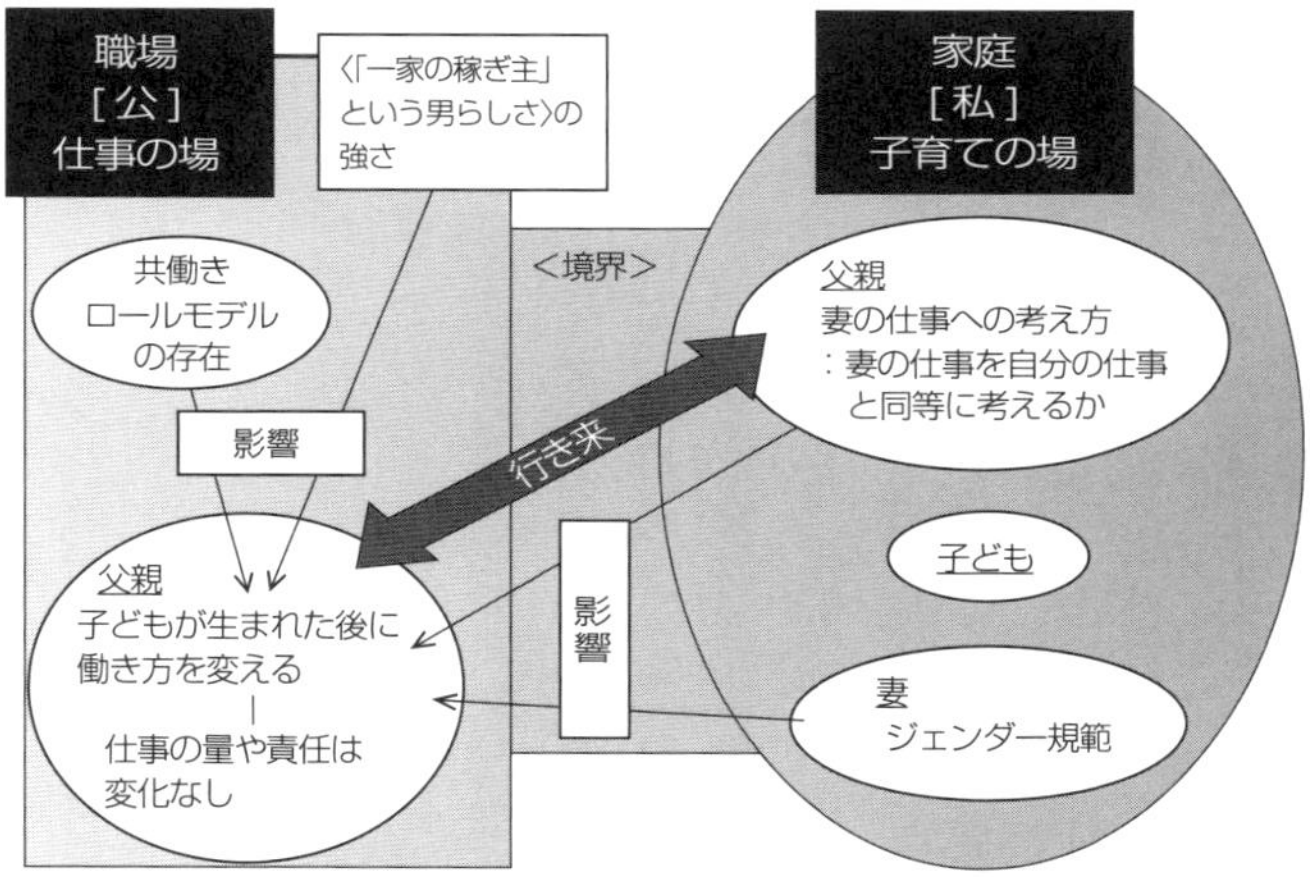

図 4-2 「父親の子育て」が〈ケアとしての子育て〉になるためのポイント

は近居していない限り、父親の育児時間が短ければ、その分は母親がカバーせざるを得ない。そうすると、母親は主な子育て役割を引き受けることによって経済的自立が妨げられ、二次的依存に陥ることになる（Fineman 1995＝2003; Kittay 1999＝2010）。そうならないためには、父親もできるだけ母親と同じように子育てすることが重要である[14]。父親が子育てするために家庭にいる時間をどこまで伸ばせるかは、父親自身の働き方をどこまで変えられるかにかかっている。しかし、これには父親個人の考え方だけでなく、妻のジェンダー規範や、次にみる職場の〈「一家の稼ぎ主」という男らしさ〉の強さも影響しており、父親個人のやる気や頑張りだけに期待しても実践は難しい。

次に、本章でみてきた職場では、父親が子育てに関わることについては、計画的に休める学校行事への参加などまでは、基本的に承認されていた。つまり仕事に支障のない範囲で休暇をとることは、子育てなどプライベートな理由であっても認められるようになっており、これは2002年以降の父親支援政策やワーク・ライフ・バランス施策の影響だと考えられる。しかし職場によっては、コース別人事などの影響による強固な〈「一家の稼ぎ主」という男らしさ〉により、父親は男性であるがために、女性よりもさらに「男並みに働くこと」が要求されていた。そしてそれは、父親が母親とほぼ同等に子育てに関わる、主体的な「父親の子育て」を認めている職場においても、父親の仕事の量や責任という面では同様であった。そのような父親は、短時間勤務やほかのメンバーと仕事の分担をせず、働く時間や場所などを工夫しながら、自分の仕事は自分でこなすという形で引き受けていた。

また、職場における《共働きロールモデル》の存在が父親の働き方に影響していたが、これは〈「一家の稼ぎ主」という男らしさ〉が強い職場には不在だった。逆に《共働きロールモデル》のいる職場で働く父親は、子どもが生まれた後に自分の働き方を変えている。身近に男性の多様な働き方や子育てへの関わり方がみられるかどうかは、父親が自身の働き方や子育てへの関わりについて考える契機となる。そして、各領域が自分の希望する働き方・子育てが承認される環境であれば、父親はそれを実現するために各領域のメンバーと交渉・調整するようになっていくだろう。

最後に、妻の仕事を自分の仕事と同等だと考えているかどうかによって、父親の子育てや働き方が変わることがわかった。分析対象者のうち、主体的に子育てを担う「子どもが病気時に妻と調整する父親」は、妻の仕事を自分の仕事と同等にとらえ、出産後に専業主婦になることをライフプランの選択肢に入れた妻を説得して、フルタイム勤務に引き戻していた。これは、ホックシールドの『セカンド・シフト』（Hochschild 1989＝1990）にみられるような、「働きつづけたい妻からの要請によって、家事・育児をする夫」とは異なる男性の姿である。このように、父親が妻の仕事の「応援」に留まらず、「同じように有償労働をして働く仲間」として妻をとらえられるかどうかが、鍵になると考えられる。そして父親が妻の仕事を尊重することは、妻が働くことによって父親が子育て役割を得られ、家庭に確固とした居場所をもって家族との絆を強くするだけでなく、妻が経済的自立を妨げられて二次的依存（Fineman 1995＝2003; Kittay 1999＝2010）に陥ることを防いでいるともいえる。

4.「父親の子育て」と職場／家庭領域のジェンダー規範

（1）職場／家庭領域のジェンダー規範と〈ケアとしての子育て〉実践の可能性

ここでは、これまでの考察結果をまとめ、「父親の子育て」と公私領域のジェンダー規範の関連について考察し、父親の〈ケアとしての子育て〉の実践可能性とその契機を探っていく。本章のインタビュー・データを考察してわかったことは、次の3点にまとめられる。

第一に、「父親の子育て」は父親個人の意志によって決められるものではなく、各領域やその中のメンバーのもつジェンダー規範に、大きな影響を受けていることがわかった。これまでの研究では、父親個人の意識や行為に焦点をあて、父親が自身の役割や責任を自由に選択できることが前提とされてきたが（小笠原 2009; 多賀 2011）、本章でみたように「父親の子育て」には、公私領域におけるジェンダー規範や、各領域のメンバーのもつジェンダー規範が、複雑にからみあっている。そしてそれらが、まず父親の働き方を規定し、それによって子育てとの関わり方が決められる。

本章でみてきた父親たちは、全員が正規雇用の管理職であり、その職位に見合った裁量権をもっていた。そのため自分自身の働き方について、ある程度までは調整して決めることができる。実際に本章においても、かつてやっていた残業や休日出勤をやめて定時に帰るようにする例や、保育園の送迎等のために仕事の時間や場所を調整する例がみられた。

しかし、職場における〈「一家の稼ぎ主」という男らしさ〉は、職場によってその強さに多少の違いはあるが、強固で根強い。長時間労働などの働き方を自分の役割としている父親はもちろん、できるだけ家庭にいる時間を長くするように努力し、主体的に子育てをしている父親であっても、職場領域における〈「一家の稼ぎ主」という男らしさ〉によって、仕事の量や責任が「男並み」であることに変わりはない。そのため、父親の働き方は、仕事をする時間や場所の裁量性が上がっても、短時間勤務をする働く母親のように、育児期に仕事の量や責任をほかのメンバーと分担することがない。このように本章の分析結果からは、父親個人が意識する／しないに関わらず、強固な〈「一家の稼ぎ主」という男らしさ〉が残る現代日本の企業社会の中で働きつづけようとすると、父親は男性であるがゆえに、それを引き受けざるを得ないことがわかる。

第二に、職場領域の〈「一家の稼ぎ主」という男らしさ〉が、家庭領域におけるジェンダー規範にも影響していることがわかった。本章では、夫婦間で子育て分担を調整する際、父親が夫婦で平等に分担しようとしても、妻が「男子はやっぱりちゃんと仕事きちっとしてやった方がいい」と考えることによって、父親の子育てへの関わりが調整されるという例がみられた。ここだけをみると、子育てにおける性別役割分業は、夫婦間の問題だと考えられるだろう。しかし上記のような「妻の固定的な

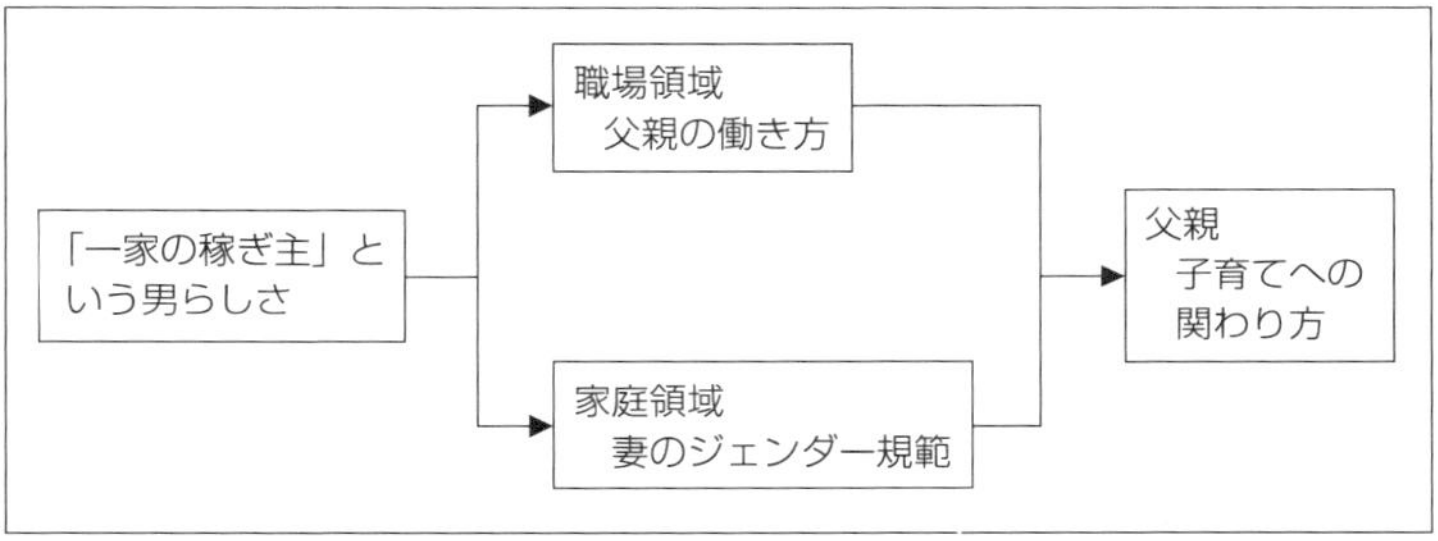

図4-3　職場領域の〈「一家の稼ぎ主」という男らしさ〉の影響

ジェンダー規範」は、妻の個人的な考え方というだけでなく、夫の職場の〈「一家の稼ぎ主」という男らしさ〉に配慮したものでもあった。したがって、職場領域の〈「一家の稼ぎ主」という男らしさ〉は、先にみた父親の働き方だけでなく、家庭領域の妻のジェンダー規範にも影響を与えており、それが父親の子育てへの関わり方に影響していることが示唆される（図4－3）。つまり職場領域のジェンダー規範としての〈「一家の稼ぎ主」という男らしさ〉は、直接的に職場領域における父親の働き方を規定するだけでなく、間接的に家庭領域における妻のジェンダー規範も規定している。そして、それらが最終的に、父親の子育てへの関わり方に影響していると考えられる。

第三に、「父親の子育て」が質的（内容）にも量的（時間）にも〈ケアとしての子育て〉になるためには、父親が子育てのために働き方を調整し、日常的・主体的な子育て役割を担う必要があることがわかった。本書の第1章で提示した、家庭にいる時間が短いと〈男らしい子育て〉になるという仮説とは異なり、本章でみてきた父親たちは全員、その時間の長さに関わらず、家にいる間は〈ケアとしての子育て〉を実践していた。しかし、それに関わる時間などの量は、子育てのために仕事をどこまで調整しているかによって異なっていた。その際、学校行事への参加のように前もって計画的に担える役割だけでなく、働く母親と同様に病気などの突発的なことにも対応することが重要である。

（2）「父親の子育て」と職場／家庭領域におけるジェンダー規範とのジレンマ

これらの結果と第1章で示したジェンダー規範とのジレンマは、どのように関連しているのだろうか。〈ケアとしての子育て〉と「子育て＝母親」規範との間のジレンマについては、本章でみてきた父親たちは自分自身の男性というジェンダーにこだわらず、家にいる間は〈ケアとしての子育て〉を実践することによって乗り越えていたといえる。しかし、父親の〈「一家の稼ぎ主」という男らしさ〉との間のジレンマについては、職場領域における〈「一家の稼ぎ主」という男らしさ〉が強固なため、父親は男性であるがゆえに「男並みに働くこと」から逃れられず、量的（時間的）に〈ケアとしての子育て〉を実践することが難しくなっている。前述のとおり、職場領域の〈「一家の稼ぎ主」という男らしさ〉は父親の働き方だけでなく、母親のジェンダー規範にも影響していることが示唆され、家庭領域のゲートキーパーである母親によっても、父親の〈ケアとしての子育て〉は制限される。したがって職場領域の〈「一家の稼ぎ主」という男らしさ〉が変革され、働き方の規準が「男並み」でなくなって初めて、父親は働きながら〈ケアとしての子育て〉を実践することができるだろう。働き方の規準が「男並み」でなくなることによって、子育て中の父親だけでなく、性別に関わらず子育てや介護などのケア役割を担う人みんなが働きつづけやすくなると期待できる。

本章では、父親が主体的に子育て役割を担うために仕事を調整する例がみられたが、その場合でも父親の仕事の責任や量は「男並み」のままであり、父親が個人的に仕事をする場や時間を工夫し、自分の睡眠時間などを犠牲にすることで克服していた。つまり、職場における〈「一家の稼ぎ主」という男らしさ〉を変革しない限り、父親は〈ケアとしての子育て〉を量的にも実践しようとすればするほど、ジェンダー規範とのジレンマを抱えながら、仕事も子育てもしなければならなくなってしまう。職場領域の〈「一家の稼ぎ主」という男らしさ〉の変革のためには、こういった父親個人の仕事のやり方が工夫できる環境を整えるだけでなく、職場が組織として再構築（リストラクチャリング）し、男性に限らず、職場全体の仕事量や責任自体を減らしていくことも、合わせて考えていく必要がある。(15)

これまで先行研究では、「父親の子育て」の阻害要因として長時間労働が指摘され、労働時間の短縮が提案されてきた（松田 2008 など）。しかし本章の考察によって、その長時間労働は単なる労働時間という量的な問題ではなく、職場領域のジェンダー規範である〈「一家の稼ぎ主」という男らしさ〉の問題であることが明らかとなった。本章でみてきた父親たちは、少なくとも家庭にいる間は〈ケアとしての子育て〉を実践していた。しかし父親個人が変化しても、職場領域における〈「一家の稼ぎ主」という男らしさ〉が変わらなければ、父親の働き方は変わらないし、変えられない。そして、父親が〈「一家の稼ぎ主」という男らしさ〉にしばられない働き方を模索していくためには、職場の中に多様な働き方・生き方をするロールモデルがいることが重要である。

（3） 本章にみられた父親像と理論上の8タイプの父親像

ここでは、第1章で示した理論上の父親像との比較を行う。本章でみてきたインタビュー・データ

表 4-2　理論上の父親像との比較

ジェンダー規範		行為	父親像の理論上のタイプ	実証データ
身体性に基づいた規範	企業社会に基づいた規範	ケアとしての子育て		第 5 章
本質的な男らしさ	「一家の稼ぎ主」という男らしさ			インタビュー
ある	ある	する	1	○
		しない	2	×
	ない	する	3	×
		しない	4	×
ない	ある	する	5	○
		しない	6	×
	ない	する	7	×
		しない	8	×

には、どのような父親像がみられただろうか。

本章でみられた父親像を○で示したものを表4-2に示す。本章では父親自身または職場領域の規範として〈「一家の稼ぎ主」という男らしさ〉をもち、少なくとも質的には〈ケアとしての子育て〉を行う父親像がみられた。〈本質的な男らしさ〉については、ある／ない場合の両方がみられたが、それは妻の仕事（有償労働）への考え方に表れている。たとえば妻がフルタイムで働いても自分の働き方を変えない父親は、産む性である母親の方が子育てに向いているという「子育て＝母親」規範をもっていると考えられる。それは、父親自身の〈本質的な男らしさ〉の裏返しではないだろうか。したがって本章におけるインタビュー・データからは、タイプ1と5の父親像がみられたといえる。

本章でみられたタイプ1と5の父親は、どちらも〈「一家の稼ぎ主」という男らしさ〉をもち、家にいる間は〈ケアとしての子育て〉を実践していた。その中で、子どもの病気時の対応も含めて子育てのために仕事を調整し、量的（時間的）にも十分に〈ケアとしての子育て〉を実践できていたのは、妻の仕事と自分の仕事を同等にとらえ、〈本質的な男らしさ〉をもたないタイプ5の父親であった。そして、本章におけるタイプ5の父親は、職場領域のジェンダー規範として根強いために〈「一家の稼ぎ主」という男らしさ〉に沿った働き方をしているが、父親自身は妻と稼ぎ手役割を分担することを望んでおり、個人的には〈「一家の稼ぎ主」という男らしさ〉へのこだわりはみられなかった。つまり、父親個人が〈本質的な男らしさ〉にも〈「一家の稼ぎ主」という男らしさ〉にもこだわりがなければ、父親が働き方を工夫することによって、「父親の子育て」が〈ケアとしての子育て〉になることが可能だといえる。しかし先にみたように、職場領域の〈「一家の稼ぎ主」という男らしさ〉は父親の働き方を「男並み」にするだけでなく、家庭領域のジェンダー規範にも影響を与えていることが示唆され、その影響は大きい。そのため、職場領域に〈「一家の稼ぎ主」という男らしさ〉を残したままでは、父親の仕事の量や責任が「男並み」であることは変わらず、父親が睡眠時間を削るなども含めた個人的な努力や工夫によって〈ケアとしての子育て〉を実践しても、それを長期的に継続していくことは体力的にも精神的にも難しいだろう。したがって父親が一時的にではなく、継続的に〈ケアとしての子育て〉を量的（時間的）にも実践していくためには、職場領域における〈「一家の稼ぎ主」という男らしさ〉の変革が必要不可欠である。

おわりに
——職場領域における〈「一家の稼ぎ主」という男らしさ〉の強固さ

本章では、父親を対象にしたインタビュー・データの分析から「父親の子育て」と公私領域のジェンダー規範との関連について考察し、父親の〈ケアとしての子育て〉の実践可能性を探ってきた。

本章でみてきた父親たちは、質的には〈ケアとしての子育て〉を実践していたものの、量的（時間的）にも実践できるかどうかは、その働き方によって異なっていた。父親の働き方には職場領域における〈「一家の稼ぎ主」という男らしさ〉の影響が強く出ている。そしてそれは父親だけでなく、家庭領域における母親のもつジェンダー規範にも影響が示唆された。また、父親は主体的に子育てしている場合でも仕事の量や責任は「男並み」のままであり、父親が個人的に働き方を工夫して睡眠時間を削りながら「24時間のつじつま合わせ」をすることによって克服していた。そのため、父親が日常的・継続的に〈ケアとしての子育て〉を実践するには、職場における〈「一家の稼ぎ主」という男らしさ〉の変革が必要不可欠であることを示した。

本章の分析対象者は、高学歴・高収入で職場の地位も比較的高い、自由にワーク・ライフ・バランスがとりやすいと考えられる層であり、これまでの研究では父親本人の選択次第で、子育てにより関わることができると考えられてきた（小笠原 2009; 多賀 2011）。しかし、これまでみてきたとおり、職場領域の〈「一家の稼ぎ主」という男らしさ〉の影響は職場領域にとどまらず、家庭領域のジェンダー規範にも及んでいることが示唆される。つまり、〈ケアとしての子育て〉を実践できるかどうかは、家庭領域における父親個人や夫婦間だけの問題ではなく、職場領域におけるジェンダー規範の問題でもある。したがって、父親が〈ケアとしての子育て〉を日常的・継続的に実践していくためには、まず、職場領域における〈「一家の稼ぎ主」という男らしさ〉にもとづいた「男並みの働き方」を標準とすることをやめ、子育てをはじめとするケアや社員のプライベートも尊重できる働き方に改める必要がある。

これまでの量的調査による先行研究では、「父親の子育て」の阻害要因として「長時間労働」が指摘され、労働時間の短縮が提案されてきた（松田 2008 など）。だが本章における考察では、その長時間労働は単なる労働時間という量的な問題だけでなく、職場環境におけるジェンダー規範である〈「一家の稼ぎ主」という男らしさ〉の問題であることが明らかとなった。本章で分析してきた父親たちは、少なくとも家庭にいる間は〈ケアとしての子育て〉を実践している。しかし、父親個人が変化しても、職場における〈「一家の稼ぎ主」という男らしさ〉が変わらなければ、父親の働き方は変わらないし、変えられない。父親が〈「一家の稼ぎ主」という男らしさ〉にしばられない働き方を模索していくためには、総合職の女性の登用とともに男性の働き方を多様化し、職場の中に多様な働き方・生き方のロールモデルがいることが重要である。

最後に本章の限界として、次の4点をあげる。

第一に、データ数が少ないため、本章で得られた結果を一般化できないことがあげられる。特に、本章の分析対象者は中学・高校において家庭科教育を受けていない世代であるが、男女共修になった後の世代は、性別役割分業について違う考え方をしているという（大竹・今藤 2001）。そこで今後は20歳代～30歳代前半の父親にインタビューを実施し、本章の知見と比較していきたい。

第二に、父親の仕事・子育てと、父親が働く企業等の制度や慣習との関連である。本章におけるインタビュー調査では、父親個人からみた、職場／家庭領域や各領域のメンバーとの相互行為によって構築される関係に焦点をあてて行ったため、父親が実際に働いている部署についての質問はしたが、その企業等全体の制度や慣習等については十分に調査できていない。そのため、本章の考察結果として職場に強固な〈「一家の稼ぎ主」という男らしさ〉が残っていることをあげたが、それが企業等の制度や慣習等とどのように関連があるのかというところまでは踏み込めていない。企業等の制度は、本当に基本的なこと（初任給や休暇の種類・日数など）については各企業のウェブサイトで確認できるものの、詳細については社外非公開の場合も多く、今回の調査では確認できていない[16]。そこで今後は企業の人事部等と共同で調査を行い、同じ制度・慣習の中で様々な職種・働き方をする父親たちについて調査するとともに、人事部等から企業全体だけでなく部署毎の詳細な制度・慣習についても情報提供してもらうなどして、この課題を克服していきたい。

第三に、社会階層上の限界である。本章で分析した父親たちは、正規雇用の管理職という安定した立場で働く、高収入層である。本章では「父親の子育て」に対する職場の〈「一家の稼ぎ主」という男らしさ〉の影響が強くみられたが、低収入層や非正規雇用者など、違う階層や働き方の父親には、ここまで強く影響が出ないことも考えられる。今後は、様々な働き方をする父親へのインタビューを実施し、本章で得られた知見と比較していきたい。

最後に、本章の「はじめに」でも述べたとおり、分析対象者は地域（幼稚園・保育園など）とのつながりが薄かったため、父親の子育てと地域領域との関連については考察できなかった。本書では夫婦間の性別役割分業に焦点をあてているが、実際には夫婦だけの子育てには限界があり、子育ての社会化の場である地域領域とのつながりは、親にとっても重要である。そこで今後は保育園・幼稚園のＰＴＡなどの地域活動に積極的に参加している父親にもインタビューを行い、「父親の子育て」と地域領域との関連についても考察していきたい。

★註

（1）分析対象者（後述の表４－１）のうち、ＣさんとＤさんは父親支援のＮＰＯ活動に幹部として関わっており、その点では地域領域との関わりはあるといえる。しかし父親支援のＮＰＯ活動は、活動の範囲が小学校区などの居住地域に限定されないことなど、「公私領域と性別役割分業の相互作用モデル」で設定した「地域領域」とは別の領域としてとらえていく必要があり、本書のデータ数では分析・考察が不十分となる危険性がある。これについては今後の課題としたい。

（2）職場領域と同様に、家庭領域におけるロールモデルの有無も重要である。しかし本調査では、主に分析対象者が親になってからの状況を聴いており、彼らの親世代の性別役割分業の状況やほかのおとなとの関わりなど、彼らの生育歴については尋ねていない。これについては今後の課題としたい。

（3）会社員・公務員などの雇用者は職住分離し、自営業者よりも公私領域の区別が観察しやすいと考えられることから、対象者の選定条件を絞った。日本における末子が12歳以下の父親の82・7％が雇用者であることからも（総務省統計局 2017）、雇用者の父親に限定して議論することは重要である。

（4）本調査は大阪府立大学人間社会学研究科研究倫理委員会において審査を受け、倫理的配慮に留意して行った。本調査のインタビュー音声は、できるだけそのままテキスト化してスクリプトを作成し、各インタビュイーに送付して内容を確認してもらった。本章では、事前に提出してもらった質問紙の回答と、インタビュイーに承認を得たスクリプトを分析の対象としている。

（5）その幅は600万円～1200万円である。

（6）「マミートラック」とは、「出産後の女性社員の配属される職域が限定されたり、昇進・昇格にはあまり縁のないキャリアコースに固定されたりすること」（中野 2015：86）である。

（7）中野（2015）は、職場における「マミートラック」などの過剰な配慮による特別扱いは、男性や出産前の女性総合職との長期的な経験の差から昇進などに影響を及ぼすことが予想されるため、総合職女性のやりがいを奪う危険性も指摘している。

（8）Gさんの職場では職種、Iさんの職場では転勤の希望の有無によって、コースが分けられている。

（9）ここでの「総合職」は、「転勤があり、将来の管理職候補になりうる職種」を指す。

（10）本書における「男並みに働く」とは、かつての会社人間のように、長時間労働・休日出勤も厭わず、全てにおいて仕事を優先することを指す。

（11）ここではGさんは、自分が入社時に指導されたこととして語っている。現在はパワハラにあたる可能性があるので、このような指導は行なわれていないという。

（12）本調査は、父親が考える自分自身や公私領域のジェンダー規範の考察を目的としたため、妻へのインタビューは行わなかった。そのため妻が現状をどのようにとらえ、どの程度、女性のケア役割というジェンダー規範を内面化しているかについては不明である。これは、今後の課題としたい。

（13）Bさんは「[仕事]辞めた瞬間、あんた2億ドブに捨てるけどいい?」といって、妻を説得したという。

（14）父親向けの育児本や雑誌の記事では、「父親への○分間育児のすすめ」のように、父親が短時間の子育てからはじめることを勧めるものがみられる。しかし子ども、特に乳幼児には、親などのおとなのケアが24時間にわたって必要である。管見の限り、このような育児本での最短は「3分間」(おおたとしまさ 2013『忙しいビジネスマンのための3分間育児』)であるが、この本は「子育てはできる限り母親に任せたらよい。この経済不況の中、仕事に専念できる父親は幸せだ」という内容になっている。また「超多忙パパは朝の5分間育児からはじめる」という雑誌記事(日経ＢＰ社 2009『日経キッズ＋』4月号：52-53)では、ＮＰＯ法人ファザーリング・ジャパンの安藤哲也代表理事が、仕事でほとんど家にいない「超多忙パパ」に対して、「1日5分、集中して子どものことを考えることから始めては」(前掲書：53)とアドバイスしている。ここではまさに母親とは違う〈男らしい子育て〉が「父親の子育て」として勧められている。

(15) 実際に日本でも、深夜残業が当たり前だった働き方を改め、経理業務を全て外注するなどで会社全体の仕事量を減らし、ほぼ残業0を達成する企業も出始めている(東洋経済オンライン 2015)。

(16) また、複数のインタビュイーから、研究成果の発表時に自分が働く企業が特定されないように配慮して欲しいとの要望があり、各企業等について詳細に記述できないという限界もあった。

終章

「父親の子育て」から〈ケアとしての子育て〉へ

本書では、「父親の子育て」についての理論的検討から「理論上考えられる8つの父親像」という仮説をたて、その理論的仮説を実証データから検証した。その際、「子育て」概念の定義を行った上で、父親が「ジェンダー化された男性の親」であることに注目し、現代日本の「父親の子育て」にみられる〈ケアとしての子育て〉とジェンダー規範とのジレンマを考察することにより、父親の〈ケアとしての子育て〉の実践に向けた課題を探ってきた。本章では、「父親の子育て」における〈ケアとしての子育て〉とジェンダー規範とのジレンマの関連について本書全体の考察を行い、今後の課題を示す。

1.「父親の子育て」における〈ケアとしての子育て〉とジェンダー規範とのジレンマ

本書では実証データとして、父親がすると予想される子育て（イメージ）としてメディアの一つである育児雑誌（第2章）を、父親が実際にしている子育て（実践）として、厚生労働省のイクメンプ

表 終-1　理論上と実証データの父親像の比較（結果）

<table>
<tr><th colspan="2">ジェンダー規範</th><th>行為</th><th rowspan="3">父親像の理論上のタイプ</th><th colspan="3">実証データ</th></tr>
<tr><th>身体性にもとづいた規範</th><th>企業社会にもとづいた規範</th><th rowspan="2">ケアとしての子育て</th><th>イメージ</th><th colspan="2">実　践</th></tr>
<tr><th rowspan="2">本質的な男らしさ</th><th rowspan="2">「一家の稼ぎ主」という男らしさ</th><th>第 2 章</th><th>第 3 章</th><th>第 4 章</th></tr>
<tr><th></th><th></th><th>雑誌</th><th>イクメン HP</th><th>インタビュー</th></tr>
<tr><td rowspan="4">ある</td><td rowspan="2">ある</td><td>する</td><td>1</td><td>《稼ぎ手としての父親》
《子育てする男》</td><td>○</td><td>○</td></tr>
<tr><td>しない</td><td>2</td><td>《稼ぎ手としての父親》
《子育てする男》
《子育てが苦手な男》</td><td>○</td><td>×</td></tr>
<tr><td rowspan="2">ない</td><td>する</td><td>3</td><td>×</td><td>○</td><td>×</td></tr>
<tr><td>しない</td><td>4</td><td>×</td><td>×</td><td>×</td></tr>
<tr><td rowspan="4">ない</td><td rowspan="2">ある</td><td>する</td><td>5</td><td>×</td><td>○</td><td>○</td></tr>
<tr><td>しない</td><td>6</td><td>×</td><td>×</td><td>×</td></tr>
<tr><td rowspan="2">ない</td><td>する</td><td>7</td><td>×</td><td>○</td><td>×</td></tr>
<tr><td>しない</td><td>8</td><td>×</td><td>×</td><td>×</td></tr>
</table>

ロジェクト・ホームページ（以下、「HP」）への父親の投稿記事（第3章）と、父親へのインタビュー・データ（第4章）を分析した。これらの実証データにみられた父親像と、第1章で示した理論上の8タイプの父親像を整理したものを表終－1に示す。これらをまとめて考察すると次の3点がわかる。

第一に、理論上考えられる8タイプの父親像には、本書の実証データにはみられない父親像がある。それはタイプ4、6、8であり、〈本質的な男らしさ〉と〈「一家の稼ぎ主」という男らしさ〉のどちらか、または両方をもたず、〈ケアとしての子育て〉をしない父親像である。〈ケアとしての子育て〉をしない父親像で実証データにみられたのはタイプ2であるが、これは〈本質的な男らしさ〉と〈「一家の稼ぎ主」という男らしさ〉の両方をもつ父親像である。このことから本書の実証データでは、〈ケアとしての子育て〉をしない父親像は、男らしさを両方もつものしか確認できない。

第二に、雑誌上の父親像と同じタイプは、現実の父親像の中にも確認できる。全ての実証データで確認できたタイプ1は、〈本質的な男らしさ〉と〈「一家の稼ぎ主」という男らしさ〉の両方をもって〈ケアとしての子育て〉をする父親像であり、雑誌上の父親の成功例として推奨されていたイクメンにつながる父親像である。しかし実際にはインタビュー・データから明らかになったように、家にいる間は〈ケアとしての子育て〉を質的に実践できても、父親が働き方を調整しなければ日常的・継続的に〈ケアとしての子育て〉を実践することは難しい。

一方タイプ2としては、《子育てが苦手な男》のように、本質的に〈ケアとしての子育て〉ができないとする場合と、《子育てする男》やHPの投稿記事で確認されたように、〈ケアとしての子育て〉ではなく〈男らしい子育て〉をする場合が含まれている。つまり、実証データにみられた「本質的に上手くできないとして子育てを避けようとする父親像」は《子育てが苦手な男》だけであり、ほかは全て、自分の意思で何らかの子育てに関わろうとする父親像だといえる。したがって本書においては、本質的に子育てを避けようとする父親像は、イメージ上は存在するが、現実の父親像にはみられない。

第三に、〈「一家の稼ぎ主」という男らしさ〉をもたない父親像は、HPの投稿記事の中にはみられたが、雑誌上には登場しない。インタビュー・データにもみられなかったが、それはインタビュイーの選定条件として会社員または公務員の父親に限定したためだと考えられる。本書では〈「一家の稼ぎ主」という男らしさ〉をもたない父親像として、たとえば、収入が落ちても長期の育休を取得する、専業主夫になるなどの例がみられた。少数派とはいえ現実にみられる〈「一家の稼ぎ主」という男らしさ〉をもたない父親像が雑誌上にはみられないということは、〈「一家の稼ぎ主」という男らしさ〉

をもたない父親像は、育児雑誌上で現代日本の父親像として想定されていない。言い換えれば、雑誌上では〈「一家の稼ぎ主」という男らしさ〉をもつ父親像しか認められていないことを示している。メディアの中でも雑誌は、乳幼児をもつ親の重要な育児情報源となっており（ベネッセ次世代育成研究所 2012）、雑誌における父親像は読者のジェンダー規範になっている可能性がある。したがって、雑誌上に〈「一家の稼ぎ主」という男らしさ〉をもつ父親像しか出てこないことは、「一家の稼ぎ主」役割が、父親の役割として決して外せないものと想定されていると考えられる。

では、ここでの考察結果と、〈ケアとしての子育て〉と現代日本のジェンダー規範とのジレンマの関連はどのように考えられるだろうか。第一に、〈ケアとしての子育て〉と「子育て＝母親」規範との間のジレンマを、本書でみてきた現実の父親は乗り越えているということがいえる。本書の実証データでは、〈本質的な男らしさ〉にもとづいて子育てを苦手として避けようとする父親像は、イメージ上ではみられるが、現実の父親像にはみられない。他方、現実の父親像では、〈ケアとしての子育て〉に関わる父親像の全てがみられた。〈ケアとしての子育て〉は、親が子どもの身体的・情緒的ニーズに受け身になるものであり、〈本質的な男らしさ〉のもつ「活動の主体」としての能動性（江原 2001）とは相容れない。したがって本書における現実の父親たちは、自身の〈本質的な男らしさ〉を乗り越えて、〈ケアとしての子育て〉に関わる／関わろうとしているといえるだろう。

しかしこのジレンマを乗り越えるには、父親だけでなく、周りも「子育て＝母親」規範を乗り越える必要がある。本書でみてきた現実の父親たちは、自身が〈ケアとしての子育て〉に関わろうとするときの周りからの抵抗に対して、「子育てする父親」として承認を得ようと様々に働きかけていた。

それができる背景として、2002年以降に進められきた父親支援政策やワーク・ライフ・バランス施策がある。これらの政策は、「父親の子育て」や私生活を大切にする働き方が「よいこと」として社会に受け入れられ、父親が「子育てする親」として承認される土壌を作ってきたと考えられる。

ただし一部では、HPの投稿記事の「おやじの会」の例にみられたように、〈本質的な男らしさ〉を抱えたまま、「父親の子育て」が〈男らしい子育て〉になる場合も見受けられ、全ての現実の父親が〈本質的な男らしさ〉を乗り越えて〈ケアとしての子育て〉をしているとはいいきれない。

第二に、〈ケアとしての子育て〉と〈「一家の稼ぎ主」という男らしさ〉との間のジレンマが、現代の日本社会にもいまだ強固に存在することが確認できる。本書において〈「一家の稼ぎ主」という男らしさ〉をもたない父親像は少数派ながら現実の父親にはみられたが、雑誌上には登場しない。つまり現実がイメージを先んじて、父親像が多様化している。他方で、インタビュー・データにみられた職場領域の〈「一家の稼ぎ主」という男らしさ〉の強固さは、父親個人がそれを乗り越えたとしても職場領域のジェンダー規範である「男並み」の働き方に規定され、再び〈「一家の稼ぎ主」という男らしさ〉にからめとられる危険性を示している。日本社会の中で〈「一家の稼ぎ主」という男らしさ〉が長時間労働に結びつく限り、〈「一家の稼ぎ主」という男らしさ〉と〈ケアとしての子育て〉は両立しない。したがって父親が〈ケアとしての子育て〉を量的（時間的）にも実践するためには、まず職場領域における〈「一家の稼ぎ主」という男らしさ〉の変革が必要不可欠である。

2. ケアを基盤とした社会を目指して

現代日本では政府やメディアによって、イクメンが「父親の子育て」のロールモデルとして勧められている。しかし、イクメンは〈「一家の稼ぎ主」という男らしさ〉を手放さない父親像であるため、前述のとおり〈ケアとしての子育て〉を実践することは難しい。固定的な性別役割分業は、女性の経済的自立を妨げて二次的依存に陥らせる（Fineman 1995＝2003; Kittay 1999＝2010）と同時に、男性を稼ぎ手役割にしばってケア役割から疎外し、家庭や地域での居場所を失わせることにつながる。会社員である父親にとっては、職場は定年までの期間限定の居場所であり、経済不況時にはリストラなどによって定年前に職場を追われる危険性もある。したがって、父親が職場以外の領域に居場所を確保することは、長寿によって定年退職後のライフステージが長くなった父親自身にとって重要になってくる。

それでは父親が職場以外の領域に居場所を得るためには、何が必要なのだろうか。これには、その領域に自分の気持ちを理解してくれるメンバーがいるとともに、自分自身の役割を得ることが重要である。本書の実証データでも、家庭領域の中に父親が子育て役割をもつことによって、居場所を得る例がみられた。その際、イクメンのように「仕事が第一の男性が、家にいる間は子育てに関わる」のではなく、「日常的・主体的に〈ケアとしての子育て〉をする男性が、職場で働く」ようにしていくという、「父親の子育て」と働き方についての考え方の転換が必要である。そのためには、職場領域における働き方の規準を、企業の都合に合わせて働くことが可能な「ケアを担わない者」から、「ケアを担う者」に合わせて転換する必要がある。この転換によって、子育てに関わる／関わりたい父親だけでなく、全ての人が働きやすい職場や制度をつくることが可能となるだろう。

これは、自立（自律）した人間の集まりという近代社会から、依存とケアを基盤におく脱近代社会への転換につながる。少子化が進む現代日本では、実際に子育てする人は少数派となりつつあるが、介護なども含めると、誰もがケアに関わる／関わらざるを得ない可能性はある。ケア論（Kittay 1999＝2010など）が指摘するように、この課題は私領域の家族だけの問題ではなく、人間社会の基盤である社会的正義の問題として考えていく必要がある。第1章で指摘したように、これまでの日本の父親支援政策は企業や個人任せの部分が多いが、それによる社会変革には限界がある。今後は「父親の子育て」を日本社会の問題として取り組み、働き方も含めて、社会全体を「ケアを担う者」を標準として変革していくことが必要である。

最後に、本書の今後の課題として3点あげておきたい。

第一に、父親支援政策のジェンダー視点からの検証である。現在、日本の父親支援政策はイクメンプロジェクトが中心になっている。このイクメンプロジェクトは、少子化対策としてだけでなく、男女共同参画政策としても推進されている。しかし、ここで推奨される父親のロールモデル「イクメン」は、本書で明らかとなった〈「一家の稼ぎ主」という男らしさ〉と〈ケアとしての子育て〉との間のジレンマを抱え、〈ケアとしての子育て〉の実践が難しい父親像となっている。したがって「父親の子育て」を〈ケアとしての子育て〉にするためには、父親支援政策のジェンダー視点での見直しが必要である。

また、父親支援政策の実現が企業や個人の自主的な努力に任せられ、十分な行政予算をつけていない現状は、「父親の子育て」が進まない結果を、個人や企業の責任とすることにつながりかねない。次世代育成は、日本社会の継続のための必須条件である。育休給付金や保育所整備等、安心して子育てできる社会環境を、政府が十分な予算をつけて自ら率先して実現していく必要がある。本書の第1章では政策について言及したが、今回は流れを追うことを重視したため、各政策の内容について精査したとはいえない。そこで今後は、イクメンプロジェクトを中心とした父親支援政策についてジェンダー視点で検証し、「父親の子育て」としてジェンダーにこだわらない〈ケアとしての子育て〉が促進されているかどうかについて分析・考察していきたい。

第二に、「母親の子育て」と「父親の子育て」との比較である。本書では「父親の子育て」に焦点をあて、一般的な「母親の子育て」と比較しながら考察してきた。また、「母親の子育て」には〈ケアとしての子育て〉と現代日本のジェンダー規範との間に矛盾がないと説明した。しかし、「ジェンダー化された男性の親」が行う「父親の子育て」が多様であるように、「ジェンダー化された女性の親」による「母親の子育て」も、実際には多様なはずである。特に女性の活躍促進が政策としてうたわれ、働く母親がますます増えていくこれからの日本では、その働き方の違いなどによって「母親の子育て」もより多様になることが予想される。そこで今後は、育児雑誌における母親像の分析や、母親へのインタビューなどから「母親の子育て」の多様性を明らかにし、本書で考察した「父親の子育て」との比較を行いたい。それによって、父親も母親もジェンダーにこだわらない〈ケアとしての子育て〉を実践していくための契機を追究することができるだろう。
最後は、地域の子育て支援の中のジェンダー規範の考察である。本書では夫婦で子育てする場合に限定して議論してきたが、実際には夫婦だけの子育てには限界があり、地域における「子育ての社会化」、つまり子育て支援は重要である。その際、子育て支援の場で性別役割分業の強化が起こらないよう、地域にもジェンダーにこだわらない〈ケアとしての子育て〉の主流化が必要である。本書では、地域領域として幼稚園・保育園などについて考察してきた。育児経験のない親にとって、メディアからの情報以上に、子育て支援の専門家（保育士、幼稚園教諭、保健師、NPOスタッフなど）からのアドバイスに頼ることは多く、その影響はかなり大きい。そのため子育て支援の専門家について、実際の支援内容はもちろん、その専門知識や育成課程にみられるジェンダー規範についても分析し、地域において〈ケアとしての子育て〉が主流化していくために必要な契機について考えていきたい。

本書では〈ケアとしての子育て〉を定義した上で、父親が「ジェンダー化された男性の親」であることに注目してきた。これによって、現代日本の「父親の子育て」が〈ケアとしての子育て〉とジェンダー規範との間のジレンマを含むものであり、特に職場領域における〈一家の稼ぎ主〉という男らしさ〉の強固さが、父親の〈ケアとしての子育て〉の実践を阻んでいることを明らかにした。〈一家の稼ぎ主〉という男らしさ〉は、戦後日本の高度経済成長を支えた「サラリーマン」を引き継いだものである。これは日本型福祉社会の基盤である企業福祉の前提となっているため、父親自身にも周りの人びとにも、男性である父親が「男並み」に働くことを自明視させる。それに対して現実の父親たちは子育てに関わるために、自身が行き来する公私領域の中で様々な交渉・調整を行い、メディアにみられる父親像に先んじて〈ケアとしての子育て〉の実践により近づいている。本書でみてきた実証データは、現代日本における「父親の子育て」のほんの一面に過ぎない。だが政策やメディアによってイクメンと呼ばれるまでもなく、父親たちはすでに〈ケアとしての子育て〉実践のための第一歩を踏みだしている。そしてそれは、父親に職場以外の居場所をつくるとともに、人間の生きる基盤であるケアを尊重する社会づくりへの重要な第一歩でもあるといえよう。

あとがき

本書は、２０１６年に大阪府立大学大学院人間社会学研究科に提出した学位論文「父親の子育て再考――ケアとしての子育てと現代日本の男らしさ――」（巽 2016）を元に執筆したものである。

父親研究をはじめたきっかけは、「まえがき」に書いた通り、子育て支援ＮＰＯでの経験であった。地元の公民館講座でジェンダーという考え方を知り、自分を苦しめる「よい母」規範から解放された私は、ＮＰＯ活動にジェンダー視点をとり入れて、新しい子育て支援を創っていきたいと思っていた。しかし自分の勉強不足から、ジェンダー視点の重要性を周りに十分に伝えることができず、残念ながら理解を得られなかった。そこでジェンダー論をきちんと勉強するために、女性学研究センターのある大阪府立大学大学院の門をたたいた。そのとき、女性が主に子育てを担う現状が変わらないことに疑問を抱き、「父親の子育て」を研究テーマに選んだ。

大学院での刺激的な研究の日々は、私のモヤモヤを言語化する過程であった。「父親が母親と同じように子育てできないのは、ジェンダー規範（男らしさ）が関連しているはず」という確信だけを頼りに、雑誌分析、ホームページの投稿記事分析、インタビュー調査と、様々な角度から研究を重ねていった。

父親研究に男性学の視点を取り入れたのは、私にとっては自然なことだった。女性学では「三歳児神話」や「母性神話」など、母親が抱える子育ての問題について「女らしさ」から説明されている。それならば、父親は男性だから「男らしさ」からみていこうという、単純な発想である。しかし意外なことに、この発想は日本の父親研究の中では広く共有されておらず少数派であった。そのため、男性学の視点をもつことは、私の父親研究の大きな特徴の一つとなった。

雑誌分析（本書・第2章）では、現在のイクメン像につながる3つの父親像（《稼ぎ手としての父親》《子育てする男》《子育てが苦手な男》）を発見した。そして雑誌上では、《稼ぎ手としての父親》のまま、《子育てが苦手な男》から《子育てする男》になることが、父親のサクセス・ストーリーとして描かれていた。この結果から、それまで私がイクメン像に対して感じていた違和感を説明できるようになった。子育ては、仕事の合間に、親の都合のよいときにだけ関われるような甘いものではない。それならば、長時間労働をともなう「男並みの働き方」をつづけながら、子育てに十分に関われるはずがない。

父親研究をつづける中でよく質問されたのが、「父親がそこまで子育てに関わる必要があるのか？」ということである。高度経済成長期の家庭に「父親不在」だった頃に比べれば、今のイクメンは十分に子育てに関わっているのではないかという意見である。これに反論するためには、改めて「子育て」とは何か」を明らかにする必要があった。本書ではフェミニズムのケア論から、「親の子育て」を「親が、依存的な存在である子どもの身体的・情緒的なニーズから出る要求に応えて満たす相互行為と、それによって構築される関係」と定義し、〈ケアとしての子育て〉と呼んでいる。これを定義することにより、子育てに関わる親の性別に区別や制限はないことを示すことができた。

私が研究する上で最も気をつけているのは、生活感を失わないことである。自分自身、大学院に入ったときには下の子がまだ未就学児で、子育て真っ最中であった。そのため、いくら研究だけに没頭したくてもできるわけがなく、子どもを飢えさせない程度の家事はこなし、「子育てというケア＝生活」であることを実感している。人にはみな平等に、1日は24時間しかない。24時間の中で、どこで何をしているのか。そして、それが子育てとの関わりにどのようにつながっていくのだろうか。

このような考えから、1人の父親を丸ごとつかみたいと創り出したのが「性別役割分業と公私領域の相互作用モデル」である。この分析枠組によって、父親が職場と家庭、地域を行き来しながら、仕事と子育てに関わる様子を考察することができた。そして、家庭における子育てだけでなく、職場の働き方にも切りこむことが可能になった。この「性別役割分業と公私領域の相互作用モデル」を使って考察した、ホームページの投稿記事（第3章）、インタビュー・データ（第4章）からは、職場における強固な〈「一家の稼ぎ主」という男らしさ〉に「男性としての働き方」を決められながら、周りのメンバーとやりとりし、親として子育てに真摯に向き合おうとする父親の姿が浮き彫りになった。

研究をはじめた頃には、自分の育児研究が働き方の問題につながっていくとは想像もしていなかった。自分の感覚を信じてコツコツと調査し、エビデンスを積み上げて考察しつづけたら、気がつくと世界が広がっていた。そして学位論文を書き上げていく中で、研究のおもしろさ、奥深さを実感することができた。しかし本書でたどり着いたところは、まだほんの入口である。今後の研究で、子育てや働き方とジェンダー規範との関連について、さらに明らかにしていきたい。

ここで、お世話になった方々にお礼を申し上げたい。

まず、子育てと仕事で忙しい中、インタビューに応えてくださったお父さんたちに感謝したい。本書のタイトルである「イクメンじゃない」は、このお父さんたちからの声から生まれた。「親として当然のことなのに、男性だからといってイクメンと呼ばれるのは嫌」というお父さんたちからうかがった、生活感あふれる「父親の子育て」は、本書の大切な柱となった。

指導教員の田間泰子教授（大阪府立大学大学院）は、全く面識がなかったにもかかわらず、私の指導を快く引き受けてくださった。在学中はいつも懇切丁寧に、そして時には厳しく指導していただき、自分が研究者として何を追究していくのか、その都度、深く考えさせられた。私が「父親の子育て」研究として、父親個人ではなく、その背景にある「子育て（ケア）をめぐるジェンダー規範」に注目し、父親の働き方の問題にも気づくことができたのは、田間先生のご指導の賜物である。

田間ゼミをはじめ、大阪府立大学大学院人間社会学研究科でともに学んだ仲間たちからは、たくさんの刺激を受けた。学内外での研究会や学会大会で、論文の審査過程で、多くの先生方からいただいたコメントも、本書の研究に活かされている。

なお本書の出版にあたっては、２０１７年度竹村和子フェミニズム基金の助成を受けた。私の父親研究は「女性研究者による男性研究」であり、当事者研究を重んじる、女性学と男性学の狭間に位置する。そのため私が研究発表したときに、女性学の研究者からは「男に甘い」、逆に男性学の研究者からは「男に厳し過ぎる」という意見をもらうことがあり、自分の研究のポジショニングに悩むこともあった。だからこそ、竹村和子フェミニズム基金に採択されたとき、自分の父親研究がジェンダー研究として認められたことが本当に嬉しく、これにより研究者として自信を得ることができた。

晃洋書房の吉永恵利加さんには、助成金申請や原稿執筆にあたって、丁寧で適切なコメントをいただいた。竹村和子フェミニズム基金への申請も、吉永さんに背中を押してもらった。また「保育士やNPOスタッフなど子育て支援の実践者にとっても、読みやすい学術書に」という提案は、学位論文を本として書き直すときの指針となった。

最後に、私の子育てを支えてくれた2人の母と父に、そして、父親も子育てに関わって家庭に居場所をもつことが大切だと身をもって教えてくれた夫に感謝したい。また家では勉強ばかりで、休日になると学会や研究会に飛び回る母を応援してくれる子どもたちに、この本を捧げる。子どもたちが父親になる頃には、日本がケアを基盤とし、ジェンダーに関係なくケアに関わる社会になるよう、本書がその契機の一つになれば幸いである。

2018年2月

巽　真理子

《著者紹介》

巽 真 理 子（たつみ　まりこ）

2016年　大阪府立大学大学院人間社会学研究科博士後期課程修了　博士（人間科学）

現　在　大阪府立大学研究推進機構ダイバーシティ研究環境研究所特認准教授

主要業績

『子育てと共同性——社会的事業の事例から考える』（共著，大阪公立大学共同出版会，2018年）

「父親の子育て再考——ケアとしての子育てと現代日本の男らしさ」（大阪府立大学大学院人間社会学研究科 平成27年度学位論文）

「大学におけるジェンダー平等達成に向けた課題の考察——大阪府立大学における研究支援員派遣制度を事例として」（『ポリモルフィア』4号，九州大学男女共同参画推進室，2019年）

「親支援職における社会学的視点とジェンダー視点の必要性——NPOと大学での支援経験から」（『現象と秩序』9号，『現象と秩序』編集委員会，2018年）

イクメンじゃない「父親の子育て」

現代日本における父親の男らしさと〈ケアとしての子育て〉

2018年5月10日　初版第1刷発行　　＊定価はカバーに

2020年9月25日　初版第2刷発行　　表示してあります

著　者　巽　真　理　子©

発行者　萩　原　淳　平

印刷者　田　中　雅　博

発行所　株式会社　晃　洋　書　房

〒615-0026　京都市右京区西院北矢掛町7番地

電話　075(312)0788番(代)

振替口座　01040-6-32280

装丁　高石瑞希　　印刷・製本　創栄図書印刷㈱

ISBN 978-4-7710-3035-0

索　引

は

ま

アルファベット

引用文献

Anderson, Benedict, 1983, *Imagined Communities: Retlections on the Origin and Spread of Nationalism (1991 Revised and Expanded edition)*, Verso.（＝2007 白石隆・白石さや訳『定本　想像の共同体――ナショナリズムの起源と流行』書籍工房早山.）

裵 智恵 2014「性別役割分業意識の多元性と男性の育児参加」渡辺秀樹・竹ノ下弘久編著『越境する家族社会学』学文社：20-36.

ベネッセコーポレーション 2009a『たまごクラブ』1～10月号.

―― 2009b『ひよこクラブ』1～10月号.

―― 2015「ベネッセ雑誌広告情報サイト」http://www.benesse.co.jp/ad/ (2015/08/30).

ベネッセ次世代育成研究所 2012「第2回妊娠出産子育て基本調査　速報版」.

―― 2015「第3回乳幼児の父親についての調査　速報版」.

Bowlby, John, 1951, *Maternal Care and Mental Health*, World Health Organization.（＝2008 黒田実郎訳『乳幼児の精神衛生』日本図書センター.）

ブリタニカ・ジャパン 2008『ブリタニカ国際大百科事典』.

Brugère, Fabienne, 2011, *L'éthique du 《care》*, Presses Universitaires de France,Paris.（＝2014 原山哲・山下りえ子訳『ケアの倫理――ネオリベラリズムへの反論』白水社.）

Butler, Judith, 1990, *Gender trouble: Feminism and the Subversion of Identity*, Rourledge.（＝1999 竹村和子訳『ジェンダー・トラブル――フェミニズムとアイデンティティの攪乱』青土社.）

―― 2005, *Giving an Account of Oneself*, Foerdham University Press, NewYork.（＝2008 佐藤嘉幸・清水知子訳『自分自身を説明すること倫理的暴力の批判』月曜社.）

中央調査社 2012「父親の育児参加に関する世論調査」『中央調査報』No. 659.

Clark, Sue Campbell, 2000, Work/Family border theory: A new theory of

work/family balance, *Human Relations* 53, 6: 747-770.

Connell, Raewyn, 2002, *Gender* (*1st Edition*), Polity.（＝2008 多賀太監訳『ジェンダー学の最前線』世界思想社.）

Connell, Robert William, 1987, *Gender and Power: Society, the Person and Sexual Politics*, Stanford University Press.（＝1993 森重雄・菊池栄治・加藤隆雄・越智康詞訳『ジェンダーと権力――セクシュアリティの社会学』三交社.）

―― 2005, *Masculinities-2nd ed.*, University of California Press.

Daly, Mary 2001, Care Policies in Western Europe, *Care Work: The quest for security*, Mary Daly ed., International Labour Office: 33-55.

Dapgupta, Romit, 2013, *Re-reading the Salaryman in Japan*, Rutledge.

江原由美子 2001『ジェンダー秩序』勁草書房.

―― 2009「制度としての母性」天野正子・伊藤公雄・伊藤るり・井上輝子・上野千鶴子・江原由美子・大沢真理・加納実紀代編『新編　日本のフェミニズム 5　母性』岩波書店：1-37.

―― 2012「社会変動と男性性」目黒依子・矢澤澄子・岡本英雄編『揺らぐ男性のジェンダー意識　仕事・家族・介護』新曜社.

Elliott, Karla, 2016, Caring Masculinities: Theorizing an Emerging Concept, *Men and Masculinities* 19(3): 240-259.

NPO 法人ファザーリング・ジャパン 2012「FJ 事業ビジョン」http://www.fathering.jp (2012/12/29).

Fineman, Martha Albertson, 1995, *The Neutered Mother, The Sexual Family: And Other Twentieth Century Tragedies*, Taylor & Francis Books.（＝2003 上野千鶴子監訳 速水葉子・穐田信子訳『家族，積みすぎた方舟――ポスト平等主義のフェミニズム法理論』学陽書房.）

Fraser, Nancy, 1997, *Justice Interruptus: Critical Reflections on the "Postsocialist" Condition*, Routlege.（＝2003 仲正昌樹監訳『中断された正義――「ポスト社会主義的」条件をめぐる批判的省察』御茶の水書房.）

福田いずみ 2010「出産後の就業継続を困難にするものとは――現状と課題について――」『共済総研レポート』No. 108：23-27.

船橋惠子 1998「現代父親役割の比較社会学的検討」黒柳晴夫・山本正和・若尾祐司編『父親と家族――父性を問う』早稲田大学出版部：136-168.

—— 2006『育児のジェンダー・ポリティクス』勁草書房.
Gilligan, Carol, 1982, *In a Different Voice: Psychological Theory and Woman's Development*, Harvard University Press.（=1986 岩男寿美子監訳『もうひとつの声』川島書店.）
濱口桂一郎 2011『日本の雇用と労働法』日本経済新聞出版社.
原田正文 2002『子育て支援とNPO』朱鷺書房.
Hidaka, Tomoko, 2010, *Salaryman Masculinity: The Continuity of and Change in the Hegemonic Masculinity in Japan*, Brill.
Hochschild, Arlie, 1989, *The Second Shift: Working Parents and the Revolution at Home*, Penguin Books.（=1990 田中和子訳『セカンド・シフト　第二の勤務アメリカ共働き革命のいま』朝日新聞社.）
朴木桂緒留 2002「家庭科男女共修」井上輝子・上野千鶴子・江原由美子・大沢真理・加納美紀代編『岩波　女性学事典』岩波書店.
保育小辞典編集委員会編 2006『保育小辞典』大月書店.
星敦士 2012「育児期女性のサポート・ネットワークがwell-beingに与える影響：NFRJ08の分析から」『季刊・社会保障研究』vol. 48 No. 3：279-289.
稲葉昭英 1998「どんな男性が家事・育児をするのか？——社会階層と男性の家事・育児参加」渡辺秀樹，志田基与師編『階層と結婚・家族』：1-42.
Ishii-Kuntz, Masako, 2003, Balancing fatherhood and work: Emergence of diverse masculinities in contemporary Japan, J. E. Roberson and N. Suzuki（eds.）, *Men and Masculinities in Contemporary Japan*, Routledge Curzon: 198-216.
石井クンツ昌子 2013『「育メン」現象の社会学——子育て・育児参加への希望を叶えるために』ミネルヴァ書房.
石本雄真 2009「居場所概念の普及およびその研究と課題」『神戸大学大学院人間発達環境学研究科研究紀要』第3巻第1号：93-100.
伊藤公雄 1993『男らしさのゆくえ——男性文化の文化社会学』新曜社.
岩間暁子 2015「『家族』を読み解くために」岩間暁子・大和礼子・田間泰子著『問いからはじめる家族社会学——多様化する家族の包摂に向けて』有斐閣：1-22.
岩下好美 2011「家庭役割と職業役割の調和——父親の家事・育児参加」

『PROCEEDINGS』16：13-22.
海妻径子 2012「『男性稼ぎ主』幻想とホモソーシャルの形成」『現代思想』vol. 40(15)：78-90.
神原文子 2007「ひとり親家族と社会的排除」『家族社会学研究』18(2)：11-24.
柏木惠子編 1993『父親の発達心理学——父性の現在とその周辺』川島書店.
柏木惠子・若松素子 1994「『親となる』ことによる人格発達：生涯発達的視点から親を研究する試み」『発達心理学研究』5：72-83.
春日キスヨ 1989『父子家庭を生きる　男と親の間』勁草書房.
加藤邦子・石井クンツ昌子・牧野カツコ・土谷みち子 1998「父親の育児参加を規定する要因——どのような条件が父親の育児参加を進めるのか」『家庭教育研究所紀要』第20号：38-47.
Kawaguchi, Ryo, 2014, Men's Child Care and Gender Order, East Asian Junior Sociologists Forum 2014 分科会資料.
川本隆史 2010「訳者あとがき——『正義論』の宇宙，探訪」ロールズ，J. 著 川本隆史・福間聡・神島裕子訳『正義論』紀伊國屋書店：776-785.
木本喜美子 1995『家族・ジェンダー・企業社会』ミネルヴァ書房.
—— 2000「企業社会の変化と家族」『家族社会学研究』12(1)：27-40.
—— 2006「雇用流動化のもとでの家族と企業社会の関係——企業の人事戦略を中心に」『家族社会学研究』17(2)：17-28.
Kittay, Eva Feder, 1999, *Love's labor: essays on women, equality, and dependency*, Routledge, New York and London（＝2010 岡野八代・牟田和恵監訳『愛の労働あるいは依存とケアの正義論』白澤社).
木脇奈智子 2008「父親は育児と仕事の葛藤を感じているのか？」大和礼子・斧出節子・木脇奈智子編『男の育児・女の育児——家族社会学からのアプローチ』昭和堂：161-179.
子ども未来財団 2006「子育てに関する意識調査」.
国立社会保障・人口問題研究所 2002『日本の将来推計人口（平成14年1月推計)』.
国税庁 2014「平成25年分　民間給与実態統計調査——調査結果報告」https://www.nta.go.jp/kohyo/index.htm（2015/08/20).
厚生省 1998『平成10年版　厚生白書』.

厚生労働省 2010「報道発表資料『イクメンプロジェクト』サイトを開設しました」http: //www. mhlw. go. jp/stf/houdou/2r9852000000725v. html（2013/08/18）.
—— 2011「H21全国家庭児童調査結果の概要」http://www.mhlw.go.jp/stf/houdou/2r9852000001yivt.html（2017/10/23）.
—— 2013「イクメンプロジェクト　ホームページ」http://ikumen-project.jp/index.html（2013/07/26）.
—— 2014a「第12回21世紀出生児縦断調査（平成13年出生児）の概況」http://www.mhlw.go.jp/toukei/saikin/hw/syusseiji/12/（2015/08/26）.
—— 2014b『平成26年版　厚生労働白書』.
—— 2015「育児休業や介護休業をすることができる期間雇用者について」http://www.mhlw.go.jp/topics/2009/07/dl/tp0701-1x.pdf（2015/12/18）.
—— 2016「平成28年度雇用均等基本調査（確報）」http://www.mhlw.go.jp/toukei/list/71-28r.html（2017/10/23）.
小山静子 1991『良妻賢母という規範』勁草書房.
久保田裕之 2009「家族の多様化」論再考——家族概念の分節化を通じて」『家族社会学研究』21(1)：78-90.
熊沢誠 1994「会社人間の形成」内橋克人・奥村宏・佐高信編『会社人間の終焉』岩波書店：37-63.
Lamb, Michael E., 1976, *The Role of the Father in Child Development*, John Wiley & Sons.（＝1981 久米稔ほか共訳『父親の役割　乳幼児発達とのかかわり』家政教育社.）
牧野カツコ 1982「乳幼児をもつ母親の生活と〈育児不安〉」『家庭教育研究所紀要』第3号：34-56.
—— 1996「父親の現在と父親研究の課題」牧野カツコ・中野由美子・柏木惠子編『子どもの発達と父親の役割』ミネルヴァ書房：3-11.
—— 2005『子育てに不安を感じる親たちへ』ミネルヴァ書房.
牧野暢男 1996「父親にとっての子育て体験の意味」牧野カツコ・中野由美子・柏木惠子編『子どもの発達と父親の役割』：50-58.
松田茂樹 2001「育児ネットワークの構造と母親の well-being」『社会学評論』52(1)：33-49.
—— 2006「近年における父親の家事・育児参加の水準と規定要因の変化」

『季刊家計経済研究』No. 71：45-54.
—— 2008『何が育児を支えるのか　中庸なネットワークの強さ』勁草書房.
—— 2013『少子化論——なぜまだ結婚・出産しやすい国にならないのか』勁草書房.
—— 2016「父親の育児参加の変容」稲葉昭英・保田時男・田渕六郎・田中重人編『日本の家族1999—2009　全国家族調査［NFRJ］による計量社会学』東京大学出版会.
宮本みち子 2008「雇用流動化の下での家族形成——崩壊する若年層の『近代家族』形成基盤」舩橋惠子・宮本みち子編著『雇用流動化のなかの家族——企業社会・家族・生活保障システム』ミネルヴァ書房：79-98.
宮坂純一 2002『企業社会と会社人間』晃洋書房.
宮坂靖子 2008「育児の歴史　父親・母親をめぐる育児戦略」『男の育児・女の育児——家族社会学からのアプローチ』大和礼子・斧出節子・木脇奈智子編 昭和堂：25-44.
森上史朗 2004「保育」森上史朗・柏女霊峰編『保育用語辞典　第3版』ミネルヴァ書房：1-2.
諸橋泰樹 1993『雑誌文化の中の女性学』明石書店.
—— 2005「雑誌におけるジェンダー・カテゴリーの構築」北九州市立男女共同参画センター“ムーブ”編『ジェンダー白書3——女性とメディア』：214-236.
牟田和恵 2006『ジェンダー家族を超えて　近現代の生／性の政治とフェミニズム』新曜社.
永井暁子 2004「男性の育児参加」渡辺秀樹・稲葉昭英・嶋﨑尚子編『現代家族の構造と変容　全国家族調査〔NFRJ98〕による計量分析』東京大学出版会：190-200.
中野円佳 2014『「育休世代」のジレンマ 女性活用はなぜ失敗するのか？』光文社.
内閣府 2007「仕事と生活の調和（ワーク・ライフ・バランス）憲章」.
—— 2009「男女共同参画社会に関する世論調査（平成21年10月調査）」.
—— 2012a「男女共同参画社会に関する世論調査（平成24年10月調査）」.
—— 2012b「『男性にとっての男女共同参画』に関する意識調査報告書」.
—— 2014『男女共同参画白書　平成26年版』.

—— 2015「少子化社会対策大綱——結婚，妊娠，子供・子育てに温かい社会の実現をめざして——」.
—— 2017『平成29年版　少子化社会対策白書』.
中川まり 2010「育児期における妻の家庭責任意識と夫の育児・家事参加」『家族社会学研究』22(2)：201-212.
中村桃子 2007a『〈性〉と日本語　ことばがつくる女と男』日本放送出版協会.
—— 2007b『「女ことば」はつくられる』ひつじ書房.
中西正司・上野千鶴子 2003『当事者主権』岩波書店.
中西友美 2000「若い世代の母親の居場所感についての基礎的研究」『臨床教育心理学研究』vol. 26 No. 1：87-96.
日本労働組合総連合会 2014「パタニティ・ハラスメント（パタハラ）に関する調査」http://www.jtuc-rengo.or.jp/news/chousa/data/20140123.pdf (2015/12/18).
日本雑誌広告協会 2008「生活者から見たメディアのポジショニング」http://www.zakko.or.jp/jpn/index.html（2010/01/05).
日興ファイナンシャル・インテリジェンス 2014『平成26年度産業経済研究委託事業（企業における女性の活用及び活躍促進の状況に関する調査）報告書』.
西村純子 2001「性別役割の多元性とその規定要因」『年報社会学論集』14：139-150.
西岡八郎 2004「男性の家庭役割とジェンダー・システム——夫の家事・育児行動を規定する要因」目黒依子・西岡八郎編『少子化のジェンダー分析』勁草書房：74-196.
庭野晃子 2007「父親が子どもの『世話役割』へ移行する過程——役割と意識との関係から」『家族社会学研究』18(2)：103-114.
Noddings Nel, 1984, *Caring: A Feminine Approach to Ethics Moral Education*, The Regents of the University of California.（＝1997 立山善康・林泰成・清水重樹・宮﨑宏志・新茂之訳『ケアリング　倫理と道徳の教育——女性の観点から』晃洋書房.）
野沢慎司 2008「選択的ネットワーク形成と家族変動」『家族社会学研究』20(1)：38-44.

落合恵美子 1989「育児援助と育児ネットワーク」『研究紀要　家族研究』Vol. 1 財団法人21世紀ひょうご創造協会　兵庫県家庭問題研究所：109-133.

—— 2004『21世紀家族へ（第 3 版）』有斐閣.

落合恵美子・山根真理・宮坂靖子 2007『アジアの家族とジェンダー』勁草書房.

小笠原祐子 2009「性別役割分業意識の多元性と父親による仕事と育児の調整」『季刊家計経済研究』No. 81：34-42.

大沢真理 1993『企業社会を超えて——現代日本を〈ジェンダー〉で読む』時事通信社.

—— 2013『生活保障のガバナンス　ジェンダーとお金の流れで読み解く』有斐閣.

岡野八代 2011「ケア，平等，そして正義をめぐって——哲学的伝統に対するキテイの挑戦」エヴァ・フェダー・キテイ著 岡野八代・牟田和恵編著・訳『ケアの倫理からはじめる正義論——支えあう平等』白澤社：13-42.

—— 2012『フェミニズムの政治学——ケアの倫理をグローバル社会へ』みすず書房.

Okin, Susan Moller, 1989, *Justice, Gender, and the Family*, Basic Books.（＝2013 山根純佳・内藤準・久保田裕之訳『正義・ジェンダー・家族』岩波書店.）

大竹美登利・今藤綾子 2001「大学生の家庭観・性役割観に与える高校家庭科男女共修の影響」『東京学芸大学紀要』53：51-57.

Parsons, Talcott and Robert F. Bales, 1956, *Family: Socialization and Interraction Process*.（＝2001 橋爪貞雄・溝口謙三・高木正太郎・武藤孝典・山村賢明訳『家族』黎明書房.

Rawls, John, 1999, *A Theory of Justice revised edition*, Harvard University Press.（＝2010 川本隆史・福間聡・神島裕子訳『正義論』紀伊國屋書店.）

斎藤真緒 2009「男が介護するということ——家族・ケア・ジェンダーのインターフェイス」『立命館産業社会論集』第45巻第 1 号：171-188.

佐々木卓代 2009「子どもの習い事を媒介とする父親の子育て参加と子ども

の自己受容感――スイミングスクールを対象とした調査から」『家族社会学研究』21(3)：65-77.
佐藤博樹・武石恵美子 2004『男性の育児休業――社員のニーズ，会社のメリット』中公新書.
沢山美果子 2013『近代家族と子育て』吉川弘文館.
総務省統計局 2011「平成23年 社会生活基本調査」http://www.stat.go.jp/data/shakai/2011/.
―― 2016「平成27年 国勢調査」http://www.stat.go.jp/data/kokusei/2015/index.htm.
―― 2017「平成28年 社会生活基本調査」http://www.stat.go.jp/data/shakai/2016/kekka.htm（2017/10/23).
末盛慶 2010「職場環境と男性のワーク・ライフ・バランス――ジェンダー秩序が揺れ動く条件」松田茂樹・汐見和恵・品田知美・末盛慶著『揺らぐ子育て基盤――少子化社会の現状と困難』勁草書房：161-181.
多賀太 2006『男らしさの社会学――揺らぐ男のライフコース』世界思想社.
―― 2010「『父親の家庭教育』言説と階層・ジェンダー構造の変化」『教育科学セミナリー』第41号 関西大学教育学会：1-15.
多賀太編著 2011『揺らぐサラリーマン生活――仕事と家庭のはざまで』ミネルヴァ書房.
高橋均 2004「戦略としてのヴォイスとその可能性――父親の育児参加をめぐって」天童睦子編『育児戦略の社会学――育児雑誌の変容と再生産』世界思想社：176-200.
武川正吾 2006「雇用の流動化と生活保障システムの危機」『家族社会学研究』17(2)：40-50.
田間泰子 2001『母性愛という制度――子殺しと中絶のポリティクス』勁草書房.
田村哲樹 2005「フェミニズムは公私区分を必要とするのか？」『政治思想研究』第5号：37-60.
田中俊之 2009『男性学の新展開』青弓社.
巽真理子 2013「雑誌における『男』の子育て」『女性学研究』20号：140-161.
―― 2014「父親の子育てによって公私領域がゆらぐ可能性――父親の居場

所と性別役割分業」『人間社会学研究集録』9：23-43.
—— 2016「父親の子育て再考——ケアとしての子育てと現代日本の男らしさ——」大阪府立大学大学院人間社会学研究科 平成27年度学位論文.
天童睦子・高橋均 2011「子育てする父親の主体化——父親向け育児・教育雑誌に見る育児戦略と言説」『家族社会学研究』23(1)：65-76.
東洋経済オンライン 2015「『女性が辞めない会社』は，全員17時に帰る　連日の深夜残業から生まれた新しい働き方」http://toyokeizai.net/ (2015/10/25).
上野千鶴子 2011『ケアの社会学——当事者主権の福祉社会へ』太田出版.
山田昌弘 2005『迷走する家族——戦後家族モデルの形成と解体』有斐閣.
大和礼子 1995「性別役割分業意識の二つの次元——『性による役割振り分け』と『愛による再生産役割』」『ソシオロジ』40巻1号：109-126.
山脇直司 2004『公共哲学とは何か』筑摩書房.
在ノルウェー日本国大使館 2014『ノルウェー国民保険制度の概要』.